LA
PHILOSOPHIE NATURELLE

INTÉGRALE

ET LES

RUDIMENTS DES SCIENCES EXACTES

PAR LE

Dʳ A. RIST

PREMIÈRE PARTIE

PARIS

LIBRAIRIE SCIENTIFIQUE A. HERMANN

6 ET 12, RUE DE LA SORBONNE, 6 ET 12

1904

8° R
20087

LA

PHILOSOPHIE NATURELLE

INTÉGRALE

ET LES

RUDIMENTS DES SCIENCES EXACTES

LA

PHILOSOPHIE NATURELLE

INTÉGRALE

ET LES

RUDIMENTS DES SCIENCES EXACTES

PAR LE

Dᴿ A. RIST

PREMIÈRE PARTIE

PARIS
LIBRAIRIE SCIENTIFIQUE A. HERMANN
6 ET 12, RUE DE LA SORBONNE, 6 ET 12

1904

AVANT-PROPOS

—

Des desseins qui, voulus, se réalisent sous forme d'actes ont leur place à l'origine des phénomènes, aucuns diront de certains phénomènes, d'autres, de tous les phénomènes. Cette dernière affirmation est une sorte d'aphorisme intuitif que l'on peut admettre ou rejeter. En tout cas, une prétention du concept de ces desseins ne saurait être imposée une fois pour toutes à ceux qui, plus audacieux que les positivistes, poursuivent un exposé scientifique indéfiniment progressif et rigoureusement sincère.

Je me suis appliqué à trouver les raisons que j'avais d'affirmer le bien-fondé de cet aphorisme. Ces raisons, puisque je les livre à la critique, c'est que je les trouve bonnes. C'est la matière de l'Introduction à laquelle on pourrait donner le titre suivant comment naissent les doutes sur l'explication mécanique ou le Système de l'Univers.

Viennent ensuite quelques chapitres sur les Rudiments des Sciences exactes, en particulier de celle des Nombres ou Arithmétique. Comme une colonne d'appui, les Nombres se dressent dès l'abord de l'édifice de la science. En ce qui les concerne, il faut avoir d'emblée, je voudrais dire, le cœur net. Sur eux, j'ai essayé une méthode d'investigation très libre, qui découle des prémisses de philosophie naturelle que j'ai posés. Si mon point de vue est vrai, nous marchons à un enseignement scientifique qui prendra pour maxime de tout dire. Le maître, alors, discernera à quelle place l'enchaînement des propositions ne se continue que parce qu'on a obéi à une sorte d'instinct esthétique. Il dénoncera avec prédilection les artifices auxquels cet instinct nous suggère d'avoir

recours, pour faire avancer la Science coûte que coûte, car c'est
d'avancer qu'il s'agit, d'avancer, c'est-à-dire, bon gré mal gré,
d'échafauder des Systèmes, de coordonner des Théories.

Le Raisonnement déductif est, les trois quarts du temps, un
trompe-l'œil Le savant croit avant de savoir A qui le comparer,
sinon au petit de l'oiseau ? A celui-ci l'expérience n'a rien appris
sur sa faculté de voler Pourtant il doit voler, et se jette con-
quérant l'espace — son domaine — hors du nid Le savant, lui,
n'a pas mis à l'épreuve les ressorts de son intelligence, mais
tendus, c'est vers le vrai — domaine de cette intelligence — qu'ils
convergent, et, comme il le croit suprêmement, le voilà, de tout
son cœur et pour toujours, au travail

Au fur et à mesure que je faisais pour moi-même la critique
de quelques procédés arithmétiques élémentaires, la vie, me sem-
blait-il, les pénétrait De les voir ainsi s'animer, j'ai joui infiniment. Mon émotion devenue dès lors communicative, je n'ai pas
rougi de confier au lecteur bénévole la simple ébauche ici présente.
Puisse l'ingénuité de cet aveu désarmer une critique trop facile !

PHILOSOPHIE NATURELLE INTÉGRALE

' RUDIMENTS DES SCIENCES EXACTES

INTRODUCTION

—

LA PHILOSOPHIE NATURELLE INTÉGRALE

1. Des conséquences à tirer de ce qu'on ne peut parler que par métaphores — Nous n'avons pas deux langages, l'un pour parler de nos états intérieurs, l'autre pour discourir à propos des phénomènes du monde physique Nous parlons de nos états intérieurs en notant nos sensations ou nos actes L'acte implique un état nouveau de nous par rapport au monde extérieur ; la sensation un état nouveau des objets extérieurs par rapport à nous. Quand nous voulons différencier nos sensations ou nos actes par des épithètes, ce sont des phénomènes dont la cause est attribuée par nous au monde extérieur qui nous les fournissent · un amour *brûlant*, une haine *froide*. Ce sont des métaphores. Les substantifs sont également utilisés métaphoriquement . *Des recherches scientifiques* Nous nous représentons un homme allant et venant pour trouver ou retrouver un objet. Le talent, ensemble de qualités dont sont doués certains hommes, a d'abord désigné une certaine somme de pièces de monnaie. Le caractère, ou ce qui distingue un homme d'un autre, est aussi la petite masse de métal que manie l'ouvrier imprimeur.

La métaphore disparaît quelquefois dans le langage courant,

lorsque nous employons des expressions générales Nous pouvons dire simplement « j'ai mal », ou « je suis à mon aise ». Nous devrions dire : « j'ai mal à la tête, au doigt ». « Je suis à mon aise », c'est-à-dire : « je n'ai ni trop chaud, ni trop froid. Je n'ai mal nulle part ». Ce sont donc des expressions écourtées. On dit, il est vrai : un homme bon, et il peut sembler que le monde physique n'ait rien à voir avec ce qualificatif, qu'il soit proprement et exclusivement réservé à des états intérieurs. Mais on dit aussi : de bon acier, et dans les deux cas cette expression évoque dans notre esprit l'image d'un être matériel limité, d'un objet.

Réciproquement, nous ne pouvons parler du monde physique extérieur que grâce à des rappels de sensations, rappels qui ne sont possibles que parce que nous nous concevons comme sujets. Cette affirmation est un truisme, puisque nous n'avons connaissance du monde extérieur que par nos sensations. On l'oublie toutefois volontiers. On arrive par l'emploi des formules mathématiques à ne plus tenir compte de l'origine représentative des dénominations employées, mais à donner à ces formules une sorte de vertu propre.

Dans l'application, une semblable abstraction ou simplification, — en réalité, une élimination, une omission — est non seulement légitime mais indispensable N'oublions pas toutefois qu'elle nous réduit au rôle de l'ouvrier qui mettrait en place des pierres taillées d'avance (les vocables par lesquels on entend les effets des forces dites naturelles) et que nous ne saurions rester fidèles à ce rôle. Bon gré mal gré, nous prenons le rôle d'architectes. Aussi ne saurais-je regarder comme superflu un examen rétrospectif de cette origine représentative de toute nouvelle notion introduite dans la série de nos déductions. Il est surtout indispensable quand arrivé à un certain terme — je veux dire ici à l'édification d'une théorie — on veut se rendre compte de la portée de cette théorie, c'est-à-dire légitimer le droit qu'elle nous confère de concevoir d'une certaine manière la réalité. Cet examen est plus utile que jamais lorsque, de déduction en déduction, nous en venons au point de remplir l'univers d'un nouvel être, ou être de raison, que ce soient l'éther ou l'énergie. Il ne saurait être indifférent de dire avec certitude : telle théorie exige telle hypothèse. Mis en face de cette nécessité logique, on reconnaîtra que, dans certains cas, cette hypothèse nous oblige à nous représenter un irreprésentable, dans d'autres, à nous faire une représentation qui mutile, altère la réalité ou, par une heureuse fortune, modifie utilement des données traditionnelles.

Les savants ne sauraient condamner *à priori* une semblable enquête. Ils se l'interdisent à eux-mêmes, et on ne saurait leur donner tort, car leurs connaissances spéciales, les ressources de leurs laboratoires, ou l'arsenal de leurs nomenclatures les mettent à même de trouver du nouveau en travaillant sur les anciennes formules. Ils montrent toutefois aujourd'hui moins de dédain que dans la première moitié du siècle dernier pour les spéculations qui tendent à systématiser leurs connaissances. La spécialisation à outrance ne saurait les laisser indifférents. Ils se l'imposent par résignation, mais sentent vaguement que la science manque à une partie de sa mission en se bornant à contribuer au bien-être matériel. Le bien-être intellectuel, qui n'est que dans la clarté et une certaine simplicité, ne les laisse pas indifférents. Ils remettent à des temps moins riches en acquisitions pratiques le souci de le procurer. Ainsi, en mécanique, une fois que le mot force a été défini : le produit de la masse d'un corps par son accélération, le savant se fait en quelque sorte violence pour oublier que la définition ci-dessus a eu pour origine le besoin de préciser la notion qu'a l'homme du déploiement de sa propre force. Il s'interdit cette métaphysique et, aussi longtemps qu'il s'agit de construire une machine, il a mille fois raison. Mais s'il s'agit de satisfaire l'esprit, il a tort d'écourter son analyse. Pourquoi ne pas reconnaître par un bref paragraphe que cette définition transporte une affirmation à prioristique de la notion de force à celle de la notion de masse et qu'on a eu telle ou telle bonne ou mauvaise raison d'enjamber de cette façon et non d'une autre une difficulté ?

Bien peu d'étudiants en mathématiques s'avisent que le mot fonction est une métaphore et qu'on ne peut faire autrement que de parler de la marche d'une fonction, nouvelle métaphore.

Les chimistes rassemblés à Genève en 1892 pour créer une nomenclature ne peuvent préciser ce dont ils s'occupent sans parler de noyau, de squelette, de résidu, de radical, autant de mots empruntés à des notions propres au monde organique.

J'ai parlé de la force. Faut-il parler de l'énergie ?

Les définitions en sont variées. Dans presque toutes on emploie les mots de capacité, ou pouvoir, ou source, ou tendance. Or, ne sont-ce pas là des rappels d'états de conscience, des métaphores, moins que cela, des images ? Un accord s'est pourtant fait entre les savants pour adopter ce mot Ils parlent même couramment d'*emmagasinement* de l'énergie. N'est-il pas constant que malgré le propos délibéré de ne pas faire de psychologie, les savants ne peuvent s'en passer complètement ? Les plus stricts parleront d'élasticité qui s'éveille, d'air qui saisit une occasion (traduction des *Progrès de la Physique*, de Tait, p. 185), de conducteur électrique qui ne se doute pas de son état (Joubert, *Électricité*. p. 370).

Ces expressions commodes leur épargnent des périphrases d'allure plus rigoureuse, mais au fond desquelles on trouverait certainement encore, en cherchant bien, une métaphore, un rappel de sensation comme « ultima ratio ».

Les plus grands en conviennent ouvertement, et je trouve dans Maxwell (*La Chaleur*, p. 112) le passage suivant : « Je recommande donc au lecteur de bien s'imprimer dans l'esprit l'idée de masse, en faisant quelques expériences, telles que celles de mettre en mouvement une meule ou une roue bien équilibrée, puis d'essayer d'arrêter le mouvement, de faire tourner un long bâton, etc... C'est le meilleur moyen d'associer une série d'actes et de sensations avec les principes scientifiques de la mécanique ». Maxwell n'entend-t-il pas dire ici que le langage ne faisant qu'exprimer des sensations, une fois la sensation bien déterminée, la forme de langage qui la rappelle devient presqu'indifférente, et ne sent-on pas qu'un peu plus il étendrait aux formules mêmes, et non seulement aux formes du langage, sa quasi-indifférence ? Mais il faut avoir fait, comme Maxwell, le tour à peu près complet des choses pour avoir le droit d'en revenir, et encore l'exemple n'est-il pas très bon à suivre. Pour le plus grand nombre des maîtres, marquer chaque étape d'un poteau indicateur, d'un terme du langage qui jalonne en quelque sorte la route des survenants n'est pas un travail à dédaigner.

Reconnaissons donc que quand on se livre aux spéculations scientifiques en apparence, les plus éloignées du moi, on emporte en somme ce moi dans cette course. Il y a même plus. C'est, à tout prendre, ce moi seul qui nous y intéresse. Aussi voit-on le savant le plus mécaniste enregistrer avec une satisfaction spéciale toute découverte qui porte quelque lumière sur l'activité que nous

croyons cachée dans les profondeurs de notre être. Ce domaine, où
par prudence il s'abstient de pénétrer, l'attire par son mystère
même.

Donc, en réalité, quand nous parlons des propriétés des corps
et des facultés du moi ou de l'âme (peu importe pour le moment
le choix de l'un ou l'autre mot) nous nous leurrons Ce ne sont pas
les propriétés des corps que nous connaissons, c'est l'état de notre
moi en présence des corps, ou la série d'états par lesquels passe
notre moi quand nous constatons des modifications dans les propriétés d'un corps. Tout est donc bilatéral dans notre connaissance,
et pour employer à mon tour une image, je dirai qu'on a trop
oublié qu'*un* bâton sur lequel je m'appuie effectivement a *deux*
bouts, l'un que je tiens dans ma main, l'autre qui repose sur le sol.

Nous avons donc un langage unique : des images empruntées
au monde extérieur nous servent à exprimer nos états intérieurs, et
nos états intérieurs seuls nous permettent de parler des phénomènes et des objets extérieurs. Tout jugement implique l'existence
sous ces deux formes. Comme il en est ainsi, nous devons renoncer
à nous saisir nous-mêmes en dehors des relations avec le monde
extérieur et réciproquement à saisir le monde extérieur en dehors
de ses relations avec nous.

Une conséquence immédiate de cette proposition est que la connaissance du moi et du non-moi (ou monde extérieur) ne peut pas
ne pas s'acquérir par deux opérations simultanées ou, pour mieux
dire, qu'elle est le produit de deux opérations simultanées dont l'une
jalonne un degré des propriétés que j'attribue aux corps, tandis que
l'autre constate un état déterminé de mon moi.

L'entropie est un degré d'une des propriétés d'un corps, la température est un état du moi. Le pouvoir émissif est un degré d'une
des propriétés d'un corps ou de ce qu'on appelle l'éther, l'intensité
lumineuse un état du moi. Le volume d'un gaz est un degré
déterminé d'une des propriétés d'un corps, la pression est un état de
conscience. La quantité d'électricité est un degré déterminé d'une
des propriétés dont je dote, arbitrairement du reste, un corps ; le
potentiel électrique ne peut être conçu qu'en faisant appel à la tension qui est un état de conscience.

Les sensations nous disent donc toutes : il y a quelque chose qui
est toi, et quelque chose qui n'est pas toi ; et ces deux affirmations

(dire qu'il y a quelque chose qui n'est pas moi est une affirmation
et non une négation), sont simultanées. Les chercheurs d'entités
et d'abstractions diront : « il y a quelque chose qui est âme et quelque chose qui est matière », mais la simple observation se borne
à dire : « il y a un corps qui est le *tien* et d'autres corps qui ne
sont pas le *tien* ». Il y a des individus et des objets (au sens vulgaire) Mais affirmer ainsi deux propositions dont l'une ne peut
exister sans l'autre, c'est créer un rapport de condition. Cela revient
donc à dire que le moi conditionne le non moi et en est conditionné à son tour.

Et cette vérité n'est pas spéculative, sans cela je n'aurais pu
l'établir sans définitions arbitraires. Elle est expérimentale. Car le
moi tel que je l'entends n'est ni mon corps ni mon âme. C'est simplement moi tel que je suis à présent sentant et pouvant. La proposition ci-dessus revient donc à dire : une sensation implique non
seulement une modification dans l'intérieur ou à la surface de ce
volume limité qui est moi, mais elle implique également une modification simultanée de ce qui n'est pas moi. J'entends donc dire
que le rayon lumineux, état de mouvement indépendant semble-t-il,
ne vient pas seulement au contact de mon corps pour y produire
un certain effet ; mais que toute la ligne qui est entre l'objet vu et
mon œil est dans un certain état, du fait de la présence de mon
œil et du fait de la présence de l'objet. Voilà pour la sensation.
Quant au mouvement, la chose est évidente par elle-même. Du fait
du mouvement de mon corps, les rapports des choses sont changés.
Il y a, en un certain lieu, de la matière d'une autre espèce que
celle qui y était auparavant ; à bien plus forte raison si mon corps
déplace d'autres corps.

M. A. Gauthier, à la première page de sa *Chimie Biologique*,
s'exprime ainsi : « Il n'est aucun produit de la vie qui ne puisse
« être fait de main d'homme, aucun des phénomènes matériels et
« mesurables dont nos organes sont le siège qui ne soit soumis aux
« lois immuables qui régissent les corps bruts ». M. Gauthier se
fait évidemment effort pour oublier que la main de l'homme est
l'agent vivant par excellence, que ce qu'il dit revient donc à ceci :
les produits de la vie sont toujours faits par la vie.

Telles sont les conséquences que nous pouvons tirer de la nécessité de l'emploi des métaphores.

2 De l'unité de la nature Les phénomènes, produits de l'activité — Mais s'il en est ainsi, le monde va s'animer singulièrement ; car il nous faut jeter par dessus bord une vieille conception ancrée dans nos moelles et alors le vieux mécanisme est mort. Nous venons de voir l'erreur des métaphysiciens qui disent : il y a quelque chose qui est matière et quelque chose qui est âme, et qu'il faut mettre à la place cette proposition il y a quelque chose qui est moi et quelque chose qui ne l'est pas Voyons à présent une autre erreur qui règne à peu près sans conteste dans les livres. Elle dérive des progrès immenses faits par la science des forces soi-disant naturelles et qui ne sont pas en réalité naturelles, car, dans le sens dans lequel on les entend, si elles ne régissent pas *toute* la nature, elles ne régissent pas *la nature*, puisque ce mot désigne un tout. Trouvant une clarté merveilleuse dans toutes les déductions où l'on ne fait pas intervenir logiquement la matière animée, n'apercevant guère que mystère et obscurité dès qu'on fait intervenir les êtres que nous appelons animés, on a, par une convention tacite, relégué dans un domaine inabordable, qu'il est du moins imprudent, extra scientifique de chercher à aborder, tout ce qui concerne la science des êtres animés. On a séparé d'une façon absolue la physique et la physiologie ; ou quand on vise à faire de la physiologie scientifique on l'a subordonnée d'une façon absolue à la physique ; on n'a fait, en réalité, que tenter de la ramener à la physique. De là, le mécanisme dominant aujourd'hui. On n'a fait, en agissant ainsi, qu'hériter des vieilles théories de la création directe des êtres animés, seulement on a retourné l'engin Dans les théories cosmogoniques anciennes, il y avait un être spirituel créant séparément les âmes et la matière et faisant de celle-ci la servante de celles-là. Dans la théorie régnante, c'est la matière et ses lois (prises abusivement, dans le sens de forces) engendrant la succession tant des phénomènes d'ordre purement physique que de ceux qui se passent dans les êtres animés ; et ces êtres, étant régis par les lois de la matière, n'apparaissent que comme un simple produit, possible ou non possible de forces, agissant suivant les lois du monde physique, inorganique, sur cette matière.

Comme ils sont, nous sommes bien obligés de les admettre ; mais, vu l'obscurité des phénomènes dits vitaux, un esprit sage s'abstiendra de raisonner à leur sujet.

Pourtant, dans un lointain nébuleux, nous pourrons leur donner un rôle Ce sera la matière se spiritualisant en quelque sorte, en devenant consciente d'elle-même ; retournant la phrase qui ouvre le livre de la Genèse, beaucoup de savants seraient tentés de prendre pour Credo la proposition suivante · à la fin le monde créera Dieu On voit qu'on a retourné l'engin, puisque, dirigé d'abord de Dieu au monde, il va maintenant du monde à Dieu.

Je dis que cette conception n'explique rien et repose sur une erreur que voici : nous distinguons la nature consciente et la nature inconsciente, et c'est la nature inconsciente que nous dotons de toute l'activité, ne laissant à la conscience que la seule fonction d'être ; mais, plus tard, dans nos raisonnements nous confondons la nature consciente avec la nature animée, la vie avec la conscience, et comme nous n'avons senti le besoin de donner à la conscience (dans le monde phénoménal) d'autre rôle que d'être, nous ne donnons, dans nos essais d'explication, aucun rôle à la matière animée. Pourtant, en réalité, les choses ne se passent pas ainsi. A moi qui sens, je dois opposer comme origine de sensation non la nature inanimée, mais deux sortes de corps, les inanimés et les animés, et considérer ces derniers comme actifs, ainsi que je l'ai démontré au paragraphe précédent : actifs non seulement d'une activité qui les modifie eux-mêmes et laisserait l'ensemble des choses dans un état stationnaire, mais actif d'une activité prenant place dans l'ensemble des choses Et si l'on veut bien y réfléchir on trouvera la chose évidente par elle même ; l'on taxera de naïveté sa constatation. Je maintiens pourtant que cela est souvent oublié par ceux qui veulent systématiser l'ensemble de nos connaissances. Car, que fait-on autre chose que l'oublier quand on cherche et donne une explication mécaniste à l'Univers ?

La nature est donc une Il n'y a pas eu, au début des temps, une planète vide d'êtres animés sur laquelle, par une sorte de seconde création, auraient apparu à un moment donné ou successivement des germes, comme une maison dont le propriétaire ouvrirait successivement les différents étages pour y installer des locataires, au fur et à mesure que ces étages sont habitables. Elle a été animée, peuplée dès qu'elle a existé Elle ne peut être qu'animée Les végétaux, les animaux, l'homme ne sont pas un luxe dans l'Univers, qui pourrait exister sans eux. La nature animée est un produit obligatoire, mieux encore, une condition de l'ensemble des choses ; et les lois *physiques* ne seraient pas les mêmes (en vérité n'existeraient pas) s'il n'y avait pas la nature qu'on appelle animée

Il n'y a donc pas lieu d'admettre, comme on le fait sans cesse, des lois dont on proclame ensuite qu'elles ne s'appliquent pas à la matière vivante, mais il faut trouver des lois qui régissent toute la nature, c'est-à-dire tout à la fois la nature dite animée et la nature inanimée ; sauf à déterminer ensuite quels sont les différents phénomènes auxquels elles donneront lieu selon que l'intervention animée est actuelle ou remonte à une époque antérieure A proprement parler ce ne seront plus des lois, ce sera l'intelligible des intelligents successifs.

Je trouve une confirmation de ces propositions dans la difficulté que les savants rencontrent lorsqu'ils cherchent à définir la seconde loi de la Thermodynamique Clausius s'en tire par l'expression vague de machine fonctionnant d'elle-même. Lord Kelvin, plus précis, reconnaît que les êtres organisés mettent cette loi en défaut Voici l'énoncé de Clausius · « il est impossible à une machine fonctionnant d'elle-même, sans être soumise à une action extérieure quelconque, de faire passer de la chaleur d'un corps à un autre corps à une température plus élevée ». Lord Kelvin dit « il est impossible, par l'intermédiaire d'agents naturels *autres que des êtres organisés*, de tirer un effet mécanique d'une portion de substance quelconque, en refroidissant cette substance au dessous de la température du plus froid des objets environnants »

On voit que la nécessité, je préfère dire l'indispensabilité des êtres organisés est ici explicitement reconnue. Pour que la nature existe il faut un état intermédiaire entre celui de répulsion illimitée des molécules gazeuses qui serait la conséquence de l'existence du calorique seul (dans les anciennes théories), et celui qu'entraînerait l'attraction seule : par elle l'univers se réduirait à un point mathématique. Cette répulsion indéfiniment croissante avec la diminution de distance des molécules que les physiciens sont obligés d'admettre, pour échapper à l'anéantissement de l'ensemble des choses, elle est conditionnée par la matière animée. C'est celle-ci qui noue le nœud indispensable pour que l'écoulement indéfini n'ait pas lieu soit dans le sens d'un point unique, soit dans un espace sans limite,

Pour échapper à cette conséquence les savants sont obligés de mutiler leurs recherches, d'encadrer arbitrairement leurs disciplines. Les exemples de ces mutilations ne sont pas difficiles à fournir.

M. Boussinesq, *Leçons synthétiques de mécanique générale*, s'exprime ainsi . « Rien ne serait actuellement moins sensé que de faire servir les parties non débrouillées de la mécanique physique à obscurcir ce qu'elle a obtenu de plus clair depuis deux siècles, savoir son premier principe qui résume l'expression d'un nombre déjà prodigieux de faits ». Et un peu plus loin · « La discontinuité de deux vitesses, dans le choc, serait regrettable, car elle empêcherait l'application de l'analyse infinitésimale ». Là n'est pas la question. Existe-t elle ou n'existe t-elle pas ?

Dans la plupart des Traités d'Électricité on divise les corps en trois classes, suivant la façon dont ils se comportent vis-à-vis de la force électro-motrice : les métaux, les électrolytes et les diélectriques, négligeant la façon dont se comporte vis-à-vis d'elle le muscle, qui pourtant a servi à la découvrir, et a un mode de réaction différent de celui des trois classes susdites de corps Bien entendu, puisque, dans les théories actuelles, ce mode de réaction est inexpliqué, je ne demande pas qu'on remplisse d'hypothèses quelques paragraphes consacrés à ce sujet Mais encore serait-il bon d'indiquer ne fût ce qu'une lacune. Ne pas le faire, c'est arrêter l'essor de l'esprit du lecteur d'une manière arbitraire, lui donner comme un ensemble ce qui n'est, de fait, qu'un fragment de la connaissance, et, ce qui est plus grave, permettre, encourager les divagations sur cet inconnu. En outre, ce n'est pas absolument sincère. Je ferai une remarque analogue sur les divisions actuelles de la Physique. Les divers chapitres : Pesanteur, Lumière, Chaleur, Acoustique, Optique, ont pour but d'expliquer la base physique de certaines catégories de sensations.

Le chapitre Électricité devrait être mis d'emblée hors de pair, et caractérisé comme une division nouvelle de la mécanique physique, contradictoire de l'ancienne sur bien des points. Il y a là aussi une question de sincérité.

Il semble vraiment que l'explication mécaniste soit si séduisante que nous la retenions *per fas et ne fas*. Mais, ce n'est jamais sans danger que l'on se ferme les yeux pour ne point voir, surtout quand l'on marche. On risque de s'apercevoir, en les rouvrant, qu'alors qu'on se croyait en pleine lumière, on a fait en réalité du chemin dans les ténèbres.

Or, en y réfléchissant, rien n'est plus facile que de démontrer rigoureusement que le mécanisme n'est pas tout J'admets que les propriétés des corps ne soient, en réalité, susceptibles d'être connues que par les mouvements qui se produisent par le fait de la présence des corps ; donc, grâce aux mouvements que ces corps sont capables de produire, c'est ce qu'implique, au fond, la doctrine de l'énergie dans sa forme actuelle. Mais je regarde cette capacité même comme le résultat de mouvements antérieurs qui ne peuvent pas s'être produits exclusivement suivant les lois que nous sommes habitués à regarder comme régissant le monde inorganique Ce que crée le mécanisme est un flux perpétuel. Or, il y a des états d'équilibre, et les dispositifs où se rencontrent ces états d'équilibre ne peuvent exister qu'en faisant intervenir ce que nous appelons matière organisée ou animée. Si cette conséquence obligatoire de l'observation brutale des faits échappe, c'est que nous confondons sous le nom de force ce qui cause le mouvement, et ce qui tend à causer le mouvement, et le mot *tend* est illégitimement appliqué à la matière inorganisée. L'observation nous montre que tout système en état de tension a fait partie à un moment donné d'un autre système, dans lequel un être animé était actif Concevez-vous le pendule sans que quelqu'un ait attaché le fil de suspension à un niveau supérieur à celui où repose le corps pesant mobile dont vous aurez à étudier les oscillations ? Concevez-vous la démonstration de la réversibilité d'un phénomène par un procédé analogue à celui employé par Carnot pour démontrer l'existence de son cycle, autrement que par le transport, sous tension, d'un volume matériel d'une position dans une autre, soit directement par un expérimentateur, soit par l'installation préalable d'un dispositif dont la fonction est adéquate à celle de l'expérimentateur ? S'il n'en était pas ainsi, si l'énergie potentielle d'une particule matérielle n'était pas le résultat de changements de relation antérieurs avec les corps environnants, dont cette énergie est en quelque sorte le signalement, la trace, changements que je prétends ne pouvoir être rapportés qu'à des êtres animés, vivants, la science serait impossible.

Qu'on veuille bien se représenter la scène suivante : elle illus-
trera ce que j'entends dire. Un physicien se trouve dans une
chambre et ne m'a pas dit ce qu'il y faisait. Sur une table j'aperçois trois sphères de laiton montées sur des pieds de verre, comme
celles dont on se sert dans les expériences élémentaires d'électricité statique. Je m'approche de la première, je la touche et il ne se
produit qu'un simple contact analogue à ceux auxquels je suis habitué. Je touche la deuxième, je la trouve chaude. Je touche la
troisième, et, avant le contact, j'éprouve une sensation de piqûre
au bout des doigts qui vont l'atteindre ; j'aperçois entre la pulpe
des doigts et la boule une étincelle ; en même temps j'entends un
léger craquement. Pour compléter mon analyse, j'aurais pu prier le
physicien de poser sous mes yeux les trois boules. Il les aurait
saisies par le pied de verre, les aurait mises sur le plateau d'une ba-
lance, et m'aurait montré qu'elles avaient sensiblement le même
poids. Voilà donc trois boules exactement semblables, de même
poids, et pourtant je les déclare dissemblables au point de vue de
leur énergie ; je peux me servir d'un faux fuyant employé par quelques physiciens et parler d'atmosphère normale d'éther. Que signifie le mot *normale?* Après une semblable expérience ne suis-je pas
autorisé à m'écrier : quelle complication dans la nature ! La même
matière est en même temps autre chose, et la même chose ? Car,
enfin, mes trois sphères peuvent me représenter trois molécules.
Qui me dira si un contact plus intime n'aurait pas amené une
réaction nouvelle ? Qui me dira que j'ai bien éprouvé de toutes les
manières possibles chacune des sphères ? Si je leur ai bien appliqué
tous les instruments de mesure possibles ? L'énergie, sous une
forme, se dissimule aux réactifs employés pour en révéler une autre forme. Je ne sais si je me trompe, mais mon entendement
trouve dans cet exemple une sorte de démonstration par l'absurde
de la fausseté de la doctrine restreinte de l'énergie. J'entends par
restreinte celle qui, dans l'édification d'une théorie des phénomènes
que je viens de décrire, cherche à oublier les opérations faites par
le physicien avant mon entrée dans la chambre ; et je me demande
si cela est plus scientifique que de conclure tout bonnement, comme
le fait le sens commun, qu'on n'a rien fait du tout avec la première boule, que l'autre a été approchée d'un foyer de chaleur, que
la troisième a été chargée d'électricité.... et que tout cela n'aurait

pas été possible sans l'être animé qui était dans la chambre avant
mon entrée ; que, par conséquent, si je veux comprendre ces phénomènes, je dois tenir compte de *toutes* les circonstances qui les
conditionnent, et que les lois de la nature, toutes seules, sans les
mouvements et les opérations du physicien n'auraient jamais pu
amener la série de phénomènes successifs, dont je viens d'évoquer
le tableau devant notre imagination.

Je trouve dans un ouvrage intitulé : *Manual of Physics*, par
Peddie, les lignes suivantes : « Tous les corps dans le voisinage de
« la surface de la terre possèdent de l'énergie potentielle, qui,
« *quand les circonstances le permettent*, est invariablement changée
« en énergie cinétique de motion vers la terre ». Je souligne « quand
les circonstances le permettent », sont-ce les circonstances qui sont
nécessaires au phénomène, ou le phénomène aux circonstances ?
Il faut *les deux*. En donnant la substance à nos abstractions, nous
nous créons des soi-disant concevables irréalisables

Poussant notre analyse plus loin, nous trouverons que la nature
telle qu'elle se présente à nous aujourd'hui n'est pas la nature telle
qu'elle était hier ; que, malgré les expressions telles que immobi-
lité, fixité de la nature et de ses lois, expressions au moyen desquelles nous donnons plus ou moins satisfaction à notre besoin de
quelque chose de fixe dans l'univers, nous avons à faire à une nature
progressivement modifiée par des êtres animés ; qu'il nous faut,
par suite, déterminer les limites de cette activité des êtres animés ;
connaître auxquels appartient telle activité, auxquels telle autre,
quelles sont les distributions simultanées ou successives de forces,
quels dispositifs plus ou moins permanents ou transitoires peuvent
réaliser ces êtres animés par leur action séparée, ou par leur con-
cours, ou par leur antagonisme.

Jamais la série des phénomènes que j'ai constatée par la compa
raison de mes trois boules n'aurait été possible, sans accumulation
sous un volume restreint d'une matière que j'appelle laiton et que
je distingue de toutes les autres, qui a été obtenue elle-même par
un travail humain ; jamais sans séparation, formation de parts
égales de cette matière, sans disposition de ces parts sur des sup
ports produits également par l'industrie humaine, etc.

Je vais prendre un autre exemple qui rendra ma démonstration
plus claire encore. Le feu se déclare à l'étage supérieur d'une mai-

son. J'ai un besoin immédiat d'avoir de l'eau qui est ici, dans un
réservoir au sol, mais de l'avoir à un potentiel plus élevé. Comment m y prendrai-je pour l'élever ? J'appliquerai une échelle contre
un mur voisin, je placerai des individus sur les différents échelons
et ils se passeront les uns aux autres des seaux remplis qui, par-
venus au sommet, me permettront d'obtenir l'effet voulu. Pour
obtenir cet effet, dans un temps donné, il m'a fallu, outre l'eau et
les seaux, trois choses : l'échelle, des individus *forts* séparément
disposés à différents degrés de l'échelle, et un *accord* entre ces
hommes. Sans cette dernière condition toutes les autres étaient
vaines. Réunir dans un certain espace des portions de matière qui,
quand elles se mouvront, se mouvront avec accord, ne sera-ce pas là,
sans doute, une de ces activités que nous devons attribuer aux êtres
animés ? Et que faisons nous autre chose quand nous accumulons
une certaine quantité de la même substance ? Et que faisons-nous
autre chose que changer cet accord quand nous modifions la forme
des corps ? Or, comme on ne peut accumuler une certaine quantité
de la même substance matérielle, sans que par le fait même elle ait
une forme, nous serons obligés de conclure que la différenciation
des formes est la condition de la différenciation des substances. Affirmation métaphysique à laquelle correspond dans l'évolution
historique du monde l'affirmation pratique suivante : les différentes
formes prises par la matière animée considérée dans son ensemble
(formes individuelles, formes d'association ou d'antagonisme) sont
la condition de la différenciation des objets.

Le seul moyen que nous ayons aujourd'hui d'amener une différence de potentiel entre deux corps ou deux parties d'un corps est
de faire entrer ces corps ou ces parties de corps dans un système
dont fasse partie un être animé. Le morceau de houille ne peut
chauffer que par son contact avec des corps autres que ceux avec
lesquels il se trouve en contact à son lieu d'origine ; il faut donc
l'arracher aux entrailles de la terre ; il faut l'y aller chercher.

Si donc nous concluons de ce qui se passe sous nos yeux, ou
pour mieux dire de ce que nous faisons se passer sous nos yeux, à
ce qui se révélait naguère au sentiment d'activité de la matière
animée existante, nous admettrons que tous les corps dits bruts
n'ont la capacité d'êtres mus que parce qu'ils ont été mis antérieurement à une certaine place, et nous ne concevrons cette mise en

place que comme conditionnée par un acte d'une portion animée
de la matière. Réservons pour le moment tout essai de représentation de cette matière animée.

**3 Les efforts pour fonder le monde dit sensible sur l'atome
sont vains Nous le conditionnons d'après nous-mêmes en
le posant.** — Nous venons de voir que l'adoption de ce que j'appelle la doctrine restreinte de l'énergie rend pratiquement impossible toute sytématisation de nos connaissances. En effet, considé-
rant nos sphères comme des molécules de matière, nous avons vu
que, s'il faut une expérience directe pour déterminer dans chaque
cas quelle énergie possède chaque molécule, nous aboutissons à
une sorte de désespoir intellectuel. Ne sachant pas à quelle quantité de matière et à quel volume défini dans l'espace est liée telle
ou telle quantité d'énergie (ou possibilité de travail) nous pouvons
tout attendre de nouvelles épreuves auxquelles nous soumettrons
la matière et la forme. Et, en effet, il semble que les espérances
industrielles croissent et soient toutes justifiées, tandis qu'en
même temps s'établit une sorte d'anarchie scientifique qui porte à
dire : essayez tout. Tout est possible. Nous ne savons où cela s'arrêtera.

Mais nous voyons un coin du voile se lever, si au lieu de considérer des sphères nous considérons les lignes que l'on peut tirer
entre ces sphères et les objets environnants. Si, au lieu de points
que nous dotons de propriétés qu'il nous faut en quelque sorte multiplier indéfiniment, nous étudions les conditions d'équilibre et de
mouvement, non seulement actuels, mais possibles sur toutes les
lignes que l'on peut tracer des sphères aux objets environnants ou
éloignés, ou les conditions d'équilibre et de mouvement des différentes parties de la substance de ces sphères les unes par rapport
aux autres et de chaque portion par rapport à la surface limitante,
cette nouvelle manière de poser le problème nous rend quelque es
poir. Le mot possibilité de mouvement qui ne représentait rien que
de vague quand il s'agit de points, se précise quand il s'agit de
lignes En outre, le nombre qui ne s'applique aux molécules que
pour les compter, ce qui est impossible, s'applique à leurs
mouvements pour mesurer leurs distances réciproques et leurs
vitesses. Ici, la précision, la clarté s'imposent ; aussi tout

progrès scientifique est-il lié à l'étude de ce qui se passe suivant certaines lignes. Quand nous nous bornons à doter nos sphères ou des molécules ou des atomes de propriétés, nous ressemblons à un sauvage devant lequel on promènerait un miroir et qui, y découvrant des objets divers, s'imaginerait que les objets sont peints sur le miroir et que la peinture change incessamment. Il trouverait ce miroir tantôt bleu, tantôt rouge, tantôt vert, etc., et lui attribuerait les propriétés les plus variées. En outre, se voyant lui-même, il se prendrait pour une autre personne qui le regarde et cela parce qu'il n'a pas tenu compte de la position respective des objets et de lui-même suivant certaines lignes. On s'apercevra en examinant les phénomènes de plus près que cette comparaison est assez juste. Nous ne retrouvons dans les phénomènes que notre propre travail ou le travail de vivants semblables à nous ou différents, disparus ou encore vivants. Mais nous ne le reconnaissons plus à cause des étapes franchies à travers les objets et les individus. Toutefois, le point de départ, en tant qu'il y en a un que nous considérons plus particulièrement (car il n'est lui-même qu'un point d'arrivée), a toujours été l'établissement ou la fin d'un contact avec un être animé. Nous, animés, méconnaissons notre propre travail, grâce à l'interposition d'appareils électriques, par exemple, entre l'acte laborieux primitif et le rendement différé. Ces appareils rendent aux êtres animés ce que ceux-ci ont dépensé de travail et ce que, grâce à des formes spéciales, qui sont également créées par des êtres animés, ils sont capables d'emmagasiner sous forme d'énergie dite potentielle. Les minerais bruts dont on extrait le cuivre et le zinc ne donneraient pas lieu par leur contact aux phénomènes électriques : il a fallu une élaboration préalable, élaboration, c'est-à-dire travail d'individus.

La science véritablement féconde a donc cessé de considérer ces propriétés des corps, qui ne servent qu'à voiler notre ignorance, pour ne s'occuper que des lignes. Mais qui ne voit que cette évolution est féconde précisément parce que la longueur d'une ligne peut être mesurée, que la surface limitée par une ligne fermée, ainsi que le volume limité par une surface fermée peuvent être également mesurés ou, du moins, qu'on en conçoit la mesure comme possible? Que mesure-t-on le long d'une ligne? Le temps, l'espace et la force. Trois entités (je ne trouve pas d'autre mot) qui n'ont de sens appliqués aux choses que parce qu'elles en ont un appliqué aux actes. Le temps, l'espace et la force mesurent les choses parce qu'ils mesurent nos actes. Nous concevons avec la plus grande netteté ce que c'est qu'une force appliquée à un corps, lui faisant franchir une certaine distance en un certain temps.

Mais pour que ces lignes représentent quelque chose, il faut qu'elles soient limitées, que nous connaissions le point de départ et le point d'arrivée. Le mot point a donc un sens et un sens précis. Nous ne pouvons employer que lui quand nous voulons exprimer le lieu à partir duquel un mouvement commence ou finit. Nous sommes partis de cette conception claire pour nous abandonner à une analogie dangereuse. Par une trituration toujours plus minutieuse des parties d'un corps solide, nous arrivons à obtenir des parcelles de plus en plus tenues; et imaginant cette trituration poussée à l'extrême, nous appelons également point ce à quoi nous aboutissons. De même que nous pouvons constituer un mouvement le long d'une ligne en mettant bout à bout une série de points de départ et d'arrivée, de même nous cherchons à reconstituer le corps, tous les corps, en assemblant ces points élémentaires résultant d'une trituration *imaginée*. Mais pour que quelque chose puisse résulter de cet assemblage, il faut bien que nos points élémentaires aient certaines propriétés, et c'est ainsi que l'on arrive à l'atome, point de départ fondamental du monde dit sensible. Une fois ce pas franchi, tout se simplifie. Il est vrai, mais aussi tout est mutilé, altéré.

Le point n'a un sens légitime que quand il délimite un acte ou un phénomène; il sépare ce qui n'était pas et ce qui est, ce qui était et ce qui cesse d'être. Or, ce qui est et ce qui cesse d'être, ce sont des actes et des phénomènes. Le point n'est un point de départ ou d'arrivée qu'à condition que quelque chose parte ou arrive réellement, et il *n'est* qu'à condition d'être point de départ ou d'arrivée.

Il est clair, à présent, que je peux, si cela me convient, transférer au point matériel toutes les propriétés dont il me plaira de le doter; mais je n'aurai fait alors que créer un quelque chose qui sera à son tour capable d'actes, et remplacera, si l'on veut, la vraie nature, telle qu'elle est. On en vient alors à renverser les termes; nous, matière animée, individuelle, et tous les êtres vivants pris

ensemble nous conservons ce qui nous est confié par les atomes, et
c'est la matière, dite brute, qui agit. Libre à vous. Mais vous con-
tinuerez à peiner, pâtir et gémir, à vous réjouir, espérer et aimer.
Que m'importe alors la transposition des termes ? Elle ne me ser-
virait à quelque chose que 'si l'atome peinait, pâtissait... etc., et
que moi j'assistasse indifférent. Que fait, en effet, notre imagination lorsqu'elle crée l'atome ? Fatiguée, lasse de trouver partout des
produits et des rapports, tandis qu'elle cherchait un point fixe, un
point de départ, l'observation, livrée à elle-même, abdique et
charge l'imagination d'achever la besogne. L'imagination est com-
plaisante. C'est à vrai dire à cause de sa complaisance que nous
nous abandonnons à elle. Tout serait si simple, si commode, si les
choses extérieures, les objets, les atomes faisaient notre besogne !
Le monde ne pourrait-il pas être ainsi ? Le fait est qu'il ne l'est pas.
Reconnaissons de bonne foi que nous créons l'atome par une sorte
d'hostilité envers notre propre moi, par une abdication désespérée
et pour redevenir des croyants à rebours. Il est si doux de redevenir enfant dans les bras de sa nourrice, de sentir sans agir, de
consommer sans produire, de recevoir sans donner, qu'à l'inverse
du croyant qui se représente lui-même comme l'objet d'une grâce
divine sans cesse active et bienveillante, nous nous abandonnons à
la Nature, que, selon les circonstances, nous trouvons alternativement bonne ou mauvaise, terrible et cruelle ou salutaire et ado-
rable.

Mais, les *autres*, tous les animés qui ont existé avant nous, qui
coexistent avec nous, qui sont destinés à nous survivre en tant
qu'individus, eux que nous ne faisons entrer dans notre système du
monde que par une sorte de concession, sont là et nous rappellent
à la réalité en nous contraignant à sentir et à agir.

Mais, il y a plus. Cette simplification que l'on espérait en constituant le monde avec des atomes n'est qu'apparente.

Pour produire la variété infinie des phénomènes nous sommes
obligés d'admettre qu'un atome et un autre atome ne sont pas
deux atomes, mais qu'il y a quelque chose en plus. Les épicuriens
l'avaient senti. Leurs atomes étaient crochus, et ainsi deux atomes
accrochés ensemble étaient autre chose qu'un atome et un autre
atome. Aujourd'hui, on interpose l'éther entre les atomes matériels.
Sortons du monde inanimé, et voyons si en prenant des individus

animés nous ne comblerons pas cette lacune. Un être animé et un autre être animé ne sont pas deux êtres animés, mais sont alternativement deux et un, un nouvel un doué de capacités nouvelles. Je m'explique. Soit là, devant moi, par terre, une masse de fer, par exemple un poids de 75 kilogrammes. Je la saisis et je l'élève à un mètre au dessus du sol. Voici, à présent, un poids de 150 kilogrammes. J'essaie vainement de le soulever. Mais si une autre personne le saisit en même temps que moi, nous arrivons à nous deux au résultat auquel nous n'avons pu arriver tout seuls. Mais, j'aurais pu élever deux fois un poids de 75 kilogrammes, ce qui aurait produit en apparence le même résultat que d'élever en une fois 150 kilogrammes. Toutefois, ce n'est pas la même chose. Car, si en retombant mon poids doit servir à enfoncer un pieu en terre, il n'est pas indifférent que j'aie à un mètre de hauteur deux poids de 75 kilogrammes ou un poids unique de 150 kilogrammes. Toute notre industrie est dans cet exemple.

C'est donc par l'activité des êtres animés se servant comme intermédiaires des matières brutes auxquelles cette activité impose une forme déterminée que sont créées les différences de potentiel.

Pas de tension, pas d'état élastique sans différence de potentiel et par conséquent sans êtres vivants. Nous les trouvons au commencement de tout phénomène. Car qui ne voit que le commencement de tout mouvement de la matière brute est la fin d'un état de tension ? Donc l'activité animée est indispensable pour qu'un phénomène *puisse* commencer et qu'il *commence*. Les états de tension précèdent forcément les phénomènes de mouvement, et l'état de tension ne peut se produire sans intervention animée ; il ne peut cesser sans la même intervention. Nous assistons ainsi à une perpétuelle succession d'actes et de phénomènes, l'antécédent conditionnant toujours le subséquent. Et la représentation la plus simple que nous puissions nous faire de cette succession, n'est-ce pas ce qui existe en fait : la succession ininterrompue des actes des vivants dans le temps ?

Il existe, je le sais, des appareils comparables, par leur action sur les objets extérieurs, aux moteurs animés, et dont on peut dire également qu'un et un n'y font pas deux, mais quelque chose de nouveau, un nouvel un. La Bouteille de Leyde, l'élément de pile sont dans ce cas. Deux éléments, deux bouteilles associées par leurs pôles de nom contraire sont, à cet égard, tout à fait comparables à deux moteurs animés.

Certes, et il semble alors que ces moteurs peuvent être assimilés à une pile ou à une série de bouteilles. Je ferai, à ce propos, la même remarque que plus haut. C'est nous, qui, par notre industrie avons façonné pile et bouteille de Leyde. Nous les avons polarisées, Nous leur avons donné deux pôles jouissant de propriétés opposées. Nous leur avons donné une droite et une gauche, un devant et un derrière, un dedans et un dehors. Que reste-t-il à leur donner pour en faire de vrais êtres animés? Une seule chose, et on n'y a pas manqué : la condition que deux mouvements en sens contraire aboutissent au repos; c'est ce qu'on appelle l'état neutre.

Par ces adjonctions successives de propriétés imposées aux particules élémentaires au moyen desquelles on cherche à constituer l'Univers, on est arrivé à éliminer, il est vrai, l'activité des vivants ; mais ce n'est qu'en créant d'autres êtres, vrais vivants à leur tour. Que leur manque t il, en effet? Ils ont un volume déterminé. Ils plongent dans un milieu différent d'eux-mêmes, l'éther. Ils se meuvent et leur mouvement est tel qu'il puisse aboutir à du repos ; leur repos est tel qu'il puisse aboutir à du mouvement. En outre, ils sont orientés ; ils ont de deux côtés des propriétés opposées

J'avais donc raison de dire en tête de ce paragraphe que nous conditionnions forcément l'atome d'après nous-même par le fait même que nous le posions en dehors de nous, et que nous lui imposions le rôle de construire l'Univers

Tout ce qui vient d'être dit ici peut l'être en employant la terminologie régnante, telle qu'est en train de la constituer la science moderne de l'énergie. On dirait : les vivants empêchent l'entropie d attendre le maximum vers lequel elle tend.

Je ne ferai que deux citations avec le but de me servir de la seconde pour illustrer ma proposition : l'acte d'un vivant est nécessaire pour créer une différence de potentiel et pour la faire cesser ; pour transformer, dans un système l'énergie cinétique en énergie potentielle.

M. Mouret (note, p 410 de la *Revue Générale des Sciences*, 1892) s'exprime ainsi : « L'énergie, en général peut être définie la pro
« priété, capacité ou pouvoir de tout retour vers l'équilibre ou le

« repos de déterminer un changement inverse dans le même sys-
« tème ou dans un autre système ».

Pour faire comprendre ce que l'on appelle énergie potentielle
M. Maurice Lévy (*Principes de l'Energie*, p 13) se sert de
l'exemple suivant : « un ressort comprimé et maintenu par un fil
« qui ait strictement la résistance voulue pour pouvoir remplir
« cet office. Si l'on rompt ce fil, ce qui, par hypothèse, n'exige
« qu'un effort infiniment petit, le ressort se mettra en mouvement,
« et permettra en se détendant de vaincre les résistances qu'on lui
« apporterait C'est le travail accompli depuis la position initiale
« du ressort, jusqu'à sa position naturelle qui mesure l'énergie que
« possédait le ressort dans l'état de tension où on l'avait main-
« tenu ».

Cet exemple, et tous ceux analogues que l'on a l'habitude de
dorner pour préciser la notion d'énergie potentielle, fait toucher
du doigt l'intervention du vivant, d'abord pour nouer le fil qui
maintient le ressort sous tension, ensuite pour couper ce fil.

**4. La surface limitante des individus vivants est le lieu
des contacts qui déterminent leur rôle dans l'ensemble
des actifs.** — Faut-il aller plus loin ? Faut-il, dès à présent,
chercher à définir le rôle de la matière brute et celui des individus
vivants ? Ici, les inductions prématurées sont bien à craindre et
et l'on ne saurait avancer qu'à tâtons. Nous sommes toutefois amenés à tirer, presque malgré nous, les conséquences des constatations si claires, si inéluctables, si réelles faites jusqu'à ce point de
notre travail.

La conception du rôle joué par les individus vivants ne doit pas
nous égarer. Il peut sembler qu'elle donne tout à la matière animée au détriment de la matière brute, à laquelle elle ne laisserait
plus rien En réalité, elle fait simplement concourir les deux d'une
manière obligatoire à la production de tout phénomène ou de tout
acte Seulement, comme il faut bien que l'énergie potentielle devienne énergie actuelle dans un point donné de l'espace, ou inversement, je cherche où ce phénomène se produit et je constate que
c'est à la surface des individus animés, ou à la surface des dispositifs, qui n'ont pu devenir sources de mouvements que parce
qu'ils ont été en contact avec des vivants pendant un temps plus

ou moins long, qu'ils ont fait partie de systèmes dont un, plusieurs ou un nombre immense de vivants faisaient ou font encore partie. Autrement dit, on ne peut concevoir que la matière brute passe d'un état à un autre, change de forme, que la structure de la matière soit changée dans un volume déterminé de l'espace sans que, dans ce volume déterminé, se trouve ou se soit trouvé à un moment donné un vivant. Ce changement ne peut être conçu sans qu'il y ait eu travail accompli, et nous ne voyons le travail commencer *sous nos yeux* qu'à la surface des vivants Le travail ne pouvant être conçu que comme le produit de deux facteurs, ce produit devient nul si l'un des facteurs s'annule Un corps dont l'énergie potentielle serait complètement épuisée ne pourrait donner lieu à un travail : on ne pourrait agir sur lui, parce qu'il ne pourrait réagir. Or, il est évident que nous ne pouvons concevoir un changement sans travail, sans activité.

Pasteur affirme que les liquides les plus altérables persistent à leur état primitif tant qu'ils sont préservés des germes des bactéries. On sait qu'une sphère métallique électrisée, isolée resterait indéfiniment chargée, s'il ne se produisait aucun mouvement dans le milieu environnant.

Pourquoi reporter obstinément cette activité de la matière animée à la matière brute, ce que fait la Théorie mécanique de l'Univers ! Parce qu'il nous semble que nous concevons plus facilement un commencement des vivants qu'un commencement des corps bruts. Mais nous avons beau reculer dans le lointain le plus obscur, nous ne pouvons concevoir un premier vivant sans une première formation, sans une délimitation, et alors nous aboutissons au Démiurge. Poser le Démiurge, c'est affirmer quelque chose qu'on ne saurait contredire : on ne peut que dire que son action actuelle, en dehors des vivants, est insaisissable. N'est il pas plus simple de faire dépendre perpétuellement l'un de l'autre l'intelligent et l'intelligible, de conditionner l'un par l'autre, de fonder la formation de nouveaux intelligibles sur le fait que *deux* individus pris ensemble créent des différences de potentiel autres que *un* individu *et un* autre individu, créent par conséquent de nouvelles conditions d'existence des êtres et des choses? Il n'y aurait plus alors lieu de s'étonner que les savants aient ignoré si longtemps l'électricité. Il nous paraît tout à-fait admissible qu'un génie tel qu'Aristote ait ignoré qu'il fût possible de faire artificiellement du diamant ; tandis que nous ne comprenons guère qu'on ait si longtemps ignoré les propriétés de l'électricité. C'est que les formes nécessaires, non pour révéler l'électricité considérée comme antérieure à ses manifestations (puisque ce n'est qu'alors qu'il y aurait lieu de la révéler) mais pour faire apparaître le travail sous la forme que nous appelons provisoirement électricité, pour l'emmagasiner et la retrouver sous cette forme, c'est que ces formes matérielles n'existaient pas.

C'est donc en vain, que nous cherchons à nous faire l'illusion qui réduit notre rôle à celui d'un témoin. Aussi longtemps que nous sommes, nous sommes ouvriers, et l'ensemble des vivants est l'architecte de l'Univers. Il n'y a pas la matière brute et la matière animée qui serait en quelque sorte le luxe, le jouet de la première. Il n'y a d'objets que façonnés par de la matière vivante, et la sensation que j'éprouve a toujours eu pour point de départ l'action de vivants antécédents ou actuels. Les phénomènes se simplifient ou se compliquent (leur suite s'ordonne différemment) au fur et à mesure que l'organisation se simplifie ou se complique, et si l'on veut concevoir l'Univers comme ne renfermant plus, en fait d'êtres animés, que les organismes élémentaires que nous appelons les microbes, les sensations des microbes seront les seules auxquelles donneront lieu les soi-disant propriétés de la matière brute

Chez le vivant nous ne concevons pas seulement mais nous observons · une surface limitant un volume dans des conditions telles que ce qui vient du dehors devient mouvement interne (c'est-à-dire mouvement des parties matérielles constituant le volume les unes par rapport aux autres) et nous observons en outre que ce qui vient du dedans devient mouvement, changement de place de ce vivant ou d'objets qui sont ou étaient en contact avec le vivant. Nous ne concevons ni n'observons ce vivant sans cette surface limitante fermée. Chez lui donc nous ne sommes plus obligés de concevoir la force comme étant tantôt en acte et tantôt en puissance et d'appeler force tout à la fois ce qui cause le mouvement et ce qui tend à le causer. J'ai beau être dans mon lit, dormant et ne donnant naissance en apparence à aucun mouvement externe : mon thorax se dilate et s'affaisse, mon cœur bat et si leur activité cesse, je ne suis plus un individu vivant.

Ces pages étaient écrites quand j'ai lu dans la *Revue des Sciences* p. 466, année 1893, la classification des différentes énergies par M Ostwald. Elles seraient au nombre de sept. M. Etard en la rapportant ajoute : « ne pourrait ou pas... faire huit classes, en ac- « cordant à la vie, dont on fait en tout cela si bon marché, le titre « de manifestation spéciale de l'énergie ? »

Non ! on ne le pourrait pas ; la vie n'étant pas *une* manifestation spéciale de l'énergie, mais étant la condition générale de toutes les manifestations spéciales de l'énergie. Il faut donc pour expliquer la diversité des possibles (objets ou phénomènes) un volume limité auquel je puisse attribuer effectivement un dedans et un dehors, l'un conditionnant l'autre et réciproquement, qui puisse arriver au contact parfait avec un objet sans faire un avec cet objet, qui puisse, enfin, être impressionné suivant une certaine ligne et être actif suivant une autre ligne qui fasse avec la première un certain angle.

Je trouve tout cela dans l'individu vivant.

Mais l'Univers pour chaque individu, pour chaque catégorie d'individus n'est pas tous les possibles, il n'est qu'un certain nombre de possibles C'est qu'en effet, qui dit espèce particulière d'individus, dit par là même qu'il y a des limites extrêmes pour chaque individu d'une espèce particulière, limite supérieure et limite inférieure au dessus ou au dessous desquelles individu ou collection ne peuvent exister en un lieu donné Toute pratique propre à une certaine catégorie d'êtres trouve en elle-même sa limite. Le milieu devenant autre, en même temps que le travail s'accomplit, ce milieu n'est plus apte à l'existence de cette espèce particulière de vivant. Mais il est apte à l'existence d'une autre espèce. Sans cela quelque chose pourrait avoir été mis à une place sans pouvoir en être repris, et l'Univers serait immobile. Le monde ne serait donc pas tel qu'il est, et, si l'on adopte nos conclusions on ne pourra le concevoir qu'avec la variété des espèces ; et comme il a une histoire on ne pourra le concevoir qu'avec des espèces successives.

Bacon dit que l'activité humaine se borne à changer les choses de place Transportons à l'ensemble de ce qui a vie cette activité et nous verrons qu'elle suffit à constituer l'Univers, je dis l'Univers matériel et l'Univers moral. Saisir un objet dans un but déterminé soit expérimental, soit industriel, soit esthétique, soit d'utilité ou

de satisfaction personnelle, c'est le faire passer d'un état inconditionné, en ce qui me concerne, dans un système où il soit condition
et conditionné tout à la fois. C'est lui donner une place dans un
ensemble. Saisir un objet par l'esprit, n'est-ce pas la même chose?
J'ai la notion de ligne. Mon esprit conditionne cette ligne en dé-
clarant que si je m'arrête où que ce soit en suivant cette ligne, je
devrai toujours me trouver à la même distance d'un objet donné,
aussi petit que je voudrai l'imaginer, et j'ai la notion de la circonférence

Assembler des objets de manière à en faire des ensembles, dans
l'intérieur de chacun desquels les parties se conditionnent mutuel-
lement, et passer sans cesse de l'un de ces ensembles à un autre
plus compréhensif, dans lequel les ensembles antérieurement formés soient eux-mêmes des parties du nouveau, c'est en même temps
créer la succession des phénomènes et les comprendre.

Tel est le rôle de la matière animée. Elle crée sans cesse de nouveaux dedans, de nouveaux systèmes limités ; mais elle ne peut les
créer que par une action externe, par des contacts, soit d'individus
à individus, soit d'individus ou d'ensembles d'individus à des objets extérieurs.

On arrive ainsi à conclure que la quantité de matière impliquée
dans les processus que nous désignons sous le terme général de
vie, doit être constante. Elle peut être groupée en individus plus
ou moins nombreux et par conséquent moins ou plus volumineux,
en groupes d'individus de même espèce entre des limites déterminées par les modifications des milieux résultant des positions nouvelles prises par les individus ou par les parties d'individus ; mais
le vivant ne peut cesser d'être que par l'action d'un autre vivant,
ou par l'action d'une partie du vivant sur une autre partie de lui-
même, s'il y a antagonisme Et, bien entendu, il ne cesse d'être
qu'à titre de vivant individuel, d'individu de l'espèce particulière
considérée. Il se détruit tel individu particulier ; mais d'autres individus dont l'existence est liée à d'autres conditions de milieu s'em-
parent de sa substance et impliquent à leur tour dans des processus
vitaux cette portion de substance rendue libre en quelque sorte
L'individu est devenu chose. Sa surface n'est plus le lieu où
sont produits des états qui soient propres à lui-même Elle de-
viendra ce qu'est la surface d'un objet brut quelconque, le lieu où

ce qui est touché par un nouveau vivant lui fournit l'occasion de transformer l'énergie externe en énergie interne et réciproquement

Comme points de départ des transformations de l'énergie, nous sommes amenés à admettre des surfaces de vivants se disposant de telle sorte qu'elles fournissent selon leurs contacts tantôt plus de capacité, tantôt plus d'intensité, et deviennent ainsi alternativement parties indépendantes et parties intégrantes, sans jamais devenir nulles, comparables en tout point aux transformateurs électriques N'est-ce pas là la conclusion à laquelle nous contraignent les principes de la conservation de la matière et de la conservation de l'énergie ? Le lieu où la transformation se produit sans qu'il puisse jamais y avoir épuisement de l'une ou l'autre forme d'énergie ni disparition de matière, c'est la surface d'un vivant.

Sont-ce là de pures spéculations ? Certes, mais les qualifier de telle sorte, est-ce les frapper à priori de stérilité et d'inanité ? L'exposé des acquisitions scientifiques est-il, dès à présent, un imposant cours d'eau, formé par l'apport de ruisseaux de torrents et de rivières ? S'il en est ainsi, quiconque se cantonne dans une mare isolée perd son temps et ses forces. Mais il n'en est pas tout-à-fait ainsi. Notre science a aussi ses culs de-sac, ses canaux d'eau dormante qui ont une entrée dans le fleuve fécondant et point d'issue à l'autre extrémité. Donner un moyen de reconnaître s'il y a un courant là où l'on navigue et épargner les vains efforts dépensés jusqu'à ce qu'on soit en vue de l'extrémité fermée, n'est pas tout-à-fait inutile.

Fermer le canal sans issue ou, pour employer une autre comparaison, couper la branche gourmande d'un arbre à fruits n'est pas un vain travail. Nous constituons la structure de nos successeurs de façon à lui permettre un fonctionnement utile par les idées justes que nous leur donnons Il n'y aura jamais moyen de s'y prendre autrement.

Les principales objections que l'on pourra faire aux vues exposées dans ces paragraphes se tirent de la géologie et de l'astronomie Les températures excessivement élevées, auxquelles la constitution des roches ignées et l'aplatissement des pôles obligent à faire appel, semblent exclure à *priori* toute possibilité de vie à un moment donné de l'existence antérieure de notre planète Mais si nous devons renoncer dès à présent à regarder le soleil comme le globe embrasé que nous nous représentons, n'entrevoit-on pas comme possible un nouveau sacrifice des vues traditionnelles : celui de la terre à l'état de gouttelette liquide se refroidissant tandis que ses parties superficielles se solidifient? Est-ce un dogme que cette vue de l'esprit? Pour le savant les étoiles fixes seront toujours des points lumineux, les planètes des points que la lunette fait apparaître comme des disques ; le soleil reste un disque, la lune tantôt disque et tantôt ménisque, et les astres, en général, auront ce double caractère d'être lumineux et inaccessibles

D'autre part, l'apparition de l'eau liquide sur la surface du globe est liée, dès à présent pour bien des géologues, à l'activité des plantes Ses propriétés si spéciales, si différentes de tous les autres liquides, si déconcertantes pour les chimistes, ne font-elles pas penser à des conditions de formation qu'on qualifie de spéciales parce qu'elles ne peuvent être que caractéristiques de l'existence simultanée de formes vivantes? Il est évident que l'existence de la cellule vivante la plus rudimentaire ne saurait être conçue sans eau. Il y aurait donc dans ce cas primordial, comme toujours, la coexistence de deux conditions réciproques Que l'on veuille bien accorder en tout cas, que l'éclair, le feu céleste, l'électricité atmosphérique sont sous la dépendance directe de l'activité de toute une catégorie de vivants? L'énergie sous cette forme spéciale aurait bien vraiment apparu à une époque déterminée sur notre planète.

Les objections astronomiques sont bien déconcertantes aussi Ne les créons-nous peut-être pas, plus qu'elles ne s'imposent inéluctablement? Écoutez. Dans le domaine des vivants tout se modifie et se transforme sans cesse : le temps s'écoule, la force s'épuise l'étendue est sans cesse autrement remplie d'objets et d'individus Bref, ce qui était est indéfiniment remplacé par ce qui va être. Pourquoi cette sorte d'aspiration fervente qui nous fait lever les yeux vers les espaces célestes? C'est que là la force semble inépuisable, le temps, s'il s'écoule par rapport à nous, se coupe en périodes qui se succèdent égales et par conséquent cesse bien vraiment de s'écouler ('), l'étendue est remplie de' luminaires isolés

('] La même ferveur, quand bien même elle n'est qu'imaginée comme ici, amène les mêmes mots sur les lèvres RABELAIS, livre III, chap xiii, parle de la contemplation de cette infinie et intellectuelle sphère, le centre de laquelle

qui peuvent bien changer de position relative, mais ces divers systèmes ne se font que pour se refaire Ils seront éternellement ce
qu'ils sont C'est là ce que nous dit notre contemplation naïve. Ce
point fixe que je ne trouve ni en moi-même, ni dans les autres, ni
dans les objets, ce point, je lui donne une dimension infinie, je
l'appelle l'Univers Sa stabilité me rassure Ce qui est ne me semble
pas devenu autre chose En saisissant l'ensemble d'un seul coup
d'œil, je n'y prévois aucun nouveau

Vaine illusion ! Pure fiction de poète ! Fiction rasséréanante,
semble t-il ; en réalité, fiction dangereuse et énervante (Voyez tout
le côté mécaniste de Pascal : Le silence éternel de ces espaces in-
finis m'effraie, et autres pensées semblables qui acheminent au
Pascal mystique). Pour concevoir ainsi l'univers j'ai dû faire abstraction des contacts entre les corps célestes Or ces contacts existent,
doivent entrer dans la chaîne de nos déductions. Chacun sait aujourd'hui que les astres se font et se défont Pour constituer le
système solaire d'après la théorie de Laplace, il a fallu qu'un
contact cessât entre la masse du soleil et des parties de cette
masse.

Qui l'a fait cesser ? Dès que la science prend la place de la rêverie,
elle retrouve l'éternel devenir Ainsi donc, ni dans l'atome, ni dans
l'univers nous n'arrivons à ce lieu de l'inconditionné après lequel
il est, dès à présent, certain que nous soupirons en vain si nous
nous obstinons à le placer en dehors de nous même ou au centre
de nous-même. Il n'est ni en dedans ni en dehors, il est ce qui a
tout à la fois un dedans et un dehors : l'*ensemble* des vivants.

Mais ici l'on perd pied

Je citerai toutefois encore un passage du livre de Tait sur les
progrès récents de la physique : « Si nous nous servions de la force
« de la marée pour mettre en marche une machine, nous emprun-
« terions cette force à l'ascension de l'eau pendant la marée mon-
« tante. Nous enfermerions de l'eau arrivée à une certaine hauteur,
« et nous attendrions que la marée soit redescendue pour utiliser
« la chute de la portion d'eau enfermée. Si maintenant nous exé-

est en chacun lieu de l'univers, la circonférence point (c'est Dieu selon la doctrine de Hermès Trismagistus) à laquelle rien n'advient, rien ne passe, rien ne
déchet, *tous temps sont présents...*

« cutions cette opération pendant une longue période de temps et
« sur un grand espace le long de la côte, nous trouverions qu'à
« la longue notre mécanisme aurait pour effet de ralentir le mou-
« vement de rotation de la terre. »

Cet exemple n'illustre-t-il pas l'intervention possible des vivants
dans la suite des phénomènes astronomiques?

Mais il est temps d'interrompre ces spéculations trop générales
Les vues ci-dessus ébauchées sont-elles exactes? sont-elles susceptibles de servir de base à un système, ou mieux encore d'inspirer
une méthode? Pour démontrer que tel est bien le cas, il n'y a
qu'un moyen : Entrer dans le détail d'une discipline particulière
et en rendre l'exposition plaisante au plus grand nombre d'esprits
possible

Je voudrais montrer que la méthode synthétique adoptée dans
l'enseignement, si elle nous sert à apprendre des vérités présentées avec élégance, ne nous dévoile pas certaines faces de la
vérité, et pis encore, qu'elle nous en cache d'autres. La science of-
ficielle est restée, depuis Lucrèce, épicurienne en principe. Je n'as-
pire à rien moins qu'à faire regarder ce qu'on appelle « les lois naturelles » d'un autre point de vue que celui où se placent Epicure
et ses disciples Pour y arriver, la méthode discursive, moins
dogmatique que la synthétique, mais plus sûre, nous offre des ressources trop négligées. C'est elle que l'on appliquera dans les pages
suivantes.

A côté d'une science, il y a les raisons de cette science, les
raisons qui font qu'elle a pris naissance d'abord, puis qu'elle
se développe de telle façon et non de telle autre. Mais pourquoi
l'Arithmétique de préférence à la Physique par exemple, simplement parce qu'il faut commencer par le commencement Or
l'on dit :

« Cela est clair comme deux et deux font quatre ». Qu'est-ce
donc qui fait que cette affirmation nous paraît plus souverainement
claire que d'autres? nous sert de critère de la clarté des autres?
Comme il ne s'agit ici que de voir clair, il n'y a rien que de naturel à ce que nous commencions par analyser les conditions de la
naissance de ces évidences mathématiques indiscutables; nous
glanerons par ci par là quelques notions sur l'invention des procédés dont la mathématique offre la ressource aux investigations

scientifiques Et, si nous nous apercevons, chemin faisant, que, dans l'attribution que l'on fait aux nombres de propriétés quasi mystiques, il entre une part d'illusion décevante, nous n'en estimerons que plus haut le pur et légitime metal qu'une épreuve sincère fera briller au fond de notre creuset

CHAPITRE PREMIER

—

LE RAISONNEMENT MATHEMATIQUE EN GENÉRAL

« Les mathématiques ne sont pas, à proprement parler, des
« sciences, elles sont une partie de la philosophie » Ce propos, entendu de la bouche d'un naturaliste, rappelle le mot de Condillac
« L'arithmétique est une langue bien faite » Il est digne d'attention et je crois que l'on peut y souscrire En effet, si je veux donner
du raisonnement mathématique une idée sommaire, je dirai : raisonner, c'est montrer qu'ayant posé une affirmation nous en avons
aussi posé une ou plusieurs autres. Nous sommes donc amenés à
nous demander de quelle nature sont ces affirmations qui nous
obligent à en poser d'autres ; question qui est du domaine de la
philosophie, ou plus exactement de la logique.

L'étude des mathématiques joue dans la vie intellectuelle des
personnes cultivées un double rôle : pratique et éducatif L'instruc-
tion mathématique donne à celui qui la possède une supériorité
pratique sur celui qui ne la possède pas. « Je vais vous calculer
combien cela fait. » Celui qui peut dire cela, le faire et le faire
vite sera toujours le maître de celui qui se le laisse dire ; que le
« combien » s'applique à des francs, à des années, à des mètres,
et, en général, à quoi que ce soit que l'on puisse compter. La réponse au « combien » c'est là ce que nous attendons de quiconque
a la prétention de savoir calculer. L'entrepreneur de charpente fait
appel à un architecte afin que celui ci calcule combien d'unités
doivent avoir les surfaces des volumes limités que sont les poutres
de la charpente qu'il s'agit de construire, et ainsi de suite. Celui
qui sait calculer possède donc un instrument très utile ; personne
ne le conteste.

Mais, il y a plus ; et par,delà cet avantage nous entrevoyons autre
chose que nous donnent les mathématiques. Elles éveillent en nous
le besoin de la rigueur Ce mot rigueur est une image. En l'employant n'entendons nous pas dire que par les mathématiques nous
apprenons quelque chose que nul ne doit ignorer ; c'est que certaines conditions déterminent les effets de notre activité, que quand
l'activité (telle ou telle activité) est bien définie ces conditions peuvent être exprimées en nombres fixes ? Nous avons sans cesse l'occasion de dire : ceci est plus grand ou plus petit, devient plus
grand ou plus petit dans telle ou telle circonstance, mais nous
voudrions savoir à quoi cela est égal, et encore de combien cela devient plus grand ou plus petit. C'est pour cela que nous trouvons
naturel et même désirable que nos enfants apprennent non seulement à calculer, mais encore des parties des mathématiques
dont l'application est très problématique pour la plupart d'entre
eux.

Sauf pour calculer de temps en temps l'aire d'une surface ou un
volume, sauf pour comprendre certaines démonstrations d'optique
géométrique, je ne me rappelle pas avoir fait un usage vraiment
pratique de ce que j'ai appris de géométrie, et pourtant je ne re-
grette pas le temps que j'ai consacré naguère à l'étude de cette
science ; je m'y remets encore quelquefois avec goût. Je n'ai jamais eu, depuis ma jeunesse, l'occasion de résoudre une équation
du second degré, et pourtant je ne voudrais pas ne pas avoir une
teinture de l'algèbre. Je fais beaucoup moins de cas de ce que j'ai
su autrefois de latin et de grec que de mes quelques connaissances
des éléments des mathématiques. Si même nos enfants doivent devenir des avocats ou des artistes, nous ne voulons pas qu'on efface
du programme de leurs études celle des mathématiques. C'est
donc que nous avons l'espoir que les mathématiques donneront à
l'esprit un certain pli et que nous admettons que toute notre manière de penser sera modifiée par ce pli. Une sorte d'instinct nous
avertit qu'il y a dans les mathématiques quelque chose de spécial
qui manque aux autres sciences.

J'ai besoin d'un exemple pour sortir des généralités et je prends
au hasard un théorème de géométrie. C'est de géométrie plutôt
que d'arithmétique que je dois m'occuper au début de ces considérations. L'une et l'autre des deux disciplines se prêtent indiffé-

remment aux aperçus logiques que j'ai seuls en vue ici Mais
l'ordre naturel impose le choix des propositions géométriques En
effet, on se meut et on imprime le mouvement aux corps avant de
calculer, et c'est grâce à des mouvements définis que nous apprenons à ‘avoir des pensées de géomètre

Soit donc un triangle dont je prolonge un des côtés BC ; puis à
partir d'un point F quelconque pris sur AB, je mène une ligne qui
va couper ce prolongement de BC après avoir coupé AC

Je détermine ainsi six segments AF, FB, BD, CD, CE, EA Si
je relève la lig FD ou que je l'abaisse parallèlement à elle même
dans le plan de mon papier, que par conséquent le point D s'é-
loigne de C ou s'en rappro-
che, je m'aperçois bien que
mes segments deviennent
plus grands o t plus petits,
je vois par exemple que si
BD devient plus grand AE
devient plus petit ; que si

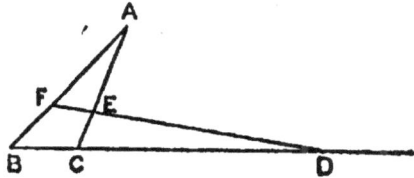

Fig 1.

CD devient plus grand CE devient également plus grand. Mais il me
faut une démonstration géométrique pour m'apprendre que l'on a
toujours AF × BD × CE = FB × CD × EA ; ou, le produit de
trois segments non consécutifs est égal au produit des trois autres
On ne m'a pas dit quelle est la longueur des segments, mais je sais
quelque chose que je ne savais pas sur leur longueur proportion-
nelle, après ma démonstration. Si, par exemple, on me demande
de faire deux cuves de même contenance et qu'une dimension de
chaque cuve me soit donnée, je pourrai prendre la somme de ces
deux dimensions données comme côté AB, et trouver deux autres
dimensions à donner à chacune de mes cuves. J'ai, *en outre*, le
sentiment qu'à moins de nouvelles conventions, je sais sur ces
segments tout ce que j'en peux savoir.

Le raisonnement mathématique nous donne donc quelque chose
que nous n'avions pas avant de l'avoir fait. Du moins nous en avons
la conviction. Cette sorte de don gratuit, ce cadeau que nous rece-
vons sans être allé le chercher, c'est là ce qui fait le charme des
Mathématiques. Il nous semble que nous n'ayons qu'à bien regarder une figure, un triangle, par exemple, pour qu'il nous donne
tout ce qui est en lui. C'est là qui se grave dans notre esprit. Jus-

qu'à ce que nous ayons abordé les Mathématiques on a sollicité de notre part des efforts de mémoire. Nous ne savons de l'Histoire que la tradition apprise. Nous l'oublions ; nous la réapprenons et elle s'est modifiée dans l'intervalle. Les anciens historiens, ceux du siècle écoulé, sont devenus caducs De nouvelles connaissances, une certaine manière nouvelle d'envisager les connaissances anciennes sont survenues, et nous sentons qu'il en sera perpétuellement ainsi Dans les Mathématiques rien de semblable. Une formule bien comprise est une sorte de « Sésame, ouvre-toi ». Le raisonnement nous apparaît comme une divination, la seule vraie divination à notre portée.

Si donc nous continuons cette étude avec élan, c'est non seulement pour acquérir des connaissances spéciales, mais parce que nous croyons sincèrement que les Mathématiques nous apprendront à raisonner, et il nous paraît très important de raisonner juste Bon nombre d'esprits toutefois saisissent ce charme particulier pour le vite oublier. D'autres n'ont jamais étudié les Mathématiques et nous nous plaisons à reconnaître en eux des esprits justes et capables de raisonner.

Est-il donc exact de dire que les Mathématiques nous apprennent à raisonner ? Je crois que l'on peut dire plus exactement que ce que l'on nous y montre nous fournit l'occasion de raisonner. Il peut donc résulter de leur étude que nous pensions à raisonner chaque fois que cela est possible, et je crois que c'est bien là ce certain pli que nous voulons donner à l'esprit de nos enfants.

Il n'est donc pas oiseux de se poser cette question : qu'est ce qu'on nous montre dans les Mathématiques, ou, ce qui revient au même, qu'est-ce qui nous fournit l'occasion de raisonner ?

Nous fournit l'occasion de raisonner toute circonstance dans laquelle nous pouvons dire · j'ai raison, sans effectuer l'opération, sans assister au phénomène qui confirme notre affirmation L'idée ne viendra à personne d'effectuer sur les six segments déterminés sur les côtés de mon triangle les mensurations nécessaires pour vérifier l'égalité des produits des segments non consécutifs. Nous avons raison d'affirmer cette égalité en dehors de toute vérification expérimentale. Mais ce : « j'ai raison » suppose toujours une vérification expérimentale possible ou du moins imaginable. Si je ne peux plus imaginer une vérification expérimentale, je ne raisonne plus,

j'affirme. Nous avons dans notre esprit trois sortes de connaissances :
celles que nous acceptons sur la foi des autres ; celles que nous ac-
quérons par une vérification expérimentale directe, comme quand
j'affirme, par exemple, que j'ai 72 pulsations à la minute ; celles
acquises par raisonnement et dont la vérification expérimentale nous
apparaît comme superflue. Comme nous avons la soif de tout connaître et que nous sentons que nous sommes dans l'impossibilité
d'y parvenir par la vérification expérimentale personnelle, nous nous
attachons avec une étreinte forcenée à ce dernier mode d'acquisition
de la connaissance qui nous dispense de la vérification expérimentale De là l'attrait des sciences de raisonnement et cette recherche
obstinée des formules Mais ce charme ne ressemble-t-il pas à tous
les charmes ? La foi n'y remplace-t-elle pas la vue ? Nous croyons
à la vertu des formules, mais certainement tous n'ont pas exa-
miné les limites de cette vertu, et l'on pourrait s'épargner des es ·
pérances décevantes en mettant à l'épreuve le procédé suivi par
notre activité pour arriver à la possession de ces formules.

Pour saisir la nature des illusions que nous sommes exposés à
nous faire sur la vertu du raisonnement mathématique, il est nécessaire d'examiner la façon dont les Traités classiques et les maîtres
qui les commentent nous introduisent dans les sciences exactes.

On nous y fait saisir d'emblée une opposition entre le monde
visible (sensible) d'une part, et la pensée de l'autre : deux données
incontestables sans doute, mais non incontestablement opp es ou
même séparées. Le monde est représenté comme l'objet de la connaissance ; la pensée comme le sujet qui n'aurait rien à saisir si le
tableau du monde ne lui était pas présenté. Son rôle est de proposer des vérités. Proposer à qui ? à elle-même sans doute. Elle existe
donc à l'état de puissance avant d'avoir rien proposé. Mais le
monde sensible, lui, ne peut exister en puissance, mais existe
toujours purement et simplement et son état actuel ne peut dépendre
que de son état immédiatement antérieur. *Figurons*-nous un état
particulier ; cela ne va pas sans une *figure* imaginée, et ce qui est
dans cette figure (les relations entre ses éléments) y aura été de
toute éternité, et y demeurera éternellement. Il en résulte, de par
le raisonnement, que nous pourrions déduire de cette figure tout ce
qu'elle implique soit dans le passé, soit dans le présent ou l'avenir.
Au lieu d'une figure prenons un corps, une substance douée de

certaines propriétés Ces propriétés impliquent l'histoire et l'avenir de ce corps De là à imaginer une substance unique dont les propriétés impliquent les infinies apparences de cette substance unique, il n'y a qu'un pas et nous n'hésitons pas à le franchir.

Mais l'on m'arrêtera et me dira sans doute : où trouvez-vous dans les Prolégomènes de la Géométrie tels qu'ils nous sont présentés habituellement toute cette Métaphysique ?

CHAPITRE II

—

LES PROLÉGOMÈNES DES GÉOMÉTRIES

Voici ma réponse. Le paragraphe 1 des leçons nouvelles de Géométrie d'Amiot est ainsi conçu : « Tout corps a une étendue et « une forme déterminées Son étendue, c'est-à-dire la grandeur du « lieu qu'il occupe dans l'espace a reçu le nom de volume. Quant « à sa forme, elle dépend de la surface qui le limite, c'est-à-dire du « lieu qui le sépare de l'espace environnant. Lorsque la surface « d'un corps est formée de plusieurs parties distinctes on donne à « chacune le nom de face. Deux faces contigues ont des limites « communes qu'on appelle lignes ; ainsi une ligne est le lieu de « l'intersection de deux surfaces. Si deux lignes tracées sur la « même surface se rencontrent on donne le nom de point à leur « intersection ».

Et le paragraphe 4 commence ainsi : « Nous considérerons les « volumes, les surfaces et les lignes indépendamment des corps qui « nous ont conduit à leur connaissance, et nous leur donnerons le « nom commun de figures. La Géométrie a pour objet l'étude des « propriétés des figures et de leur étendue ; de là cette définition : « la Géométrie est la science de l'étendue. »

Le paragraphe 7 dit : « un théorème est la proposition d'une « vérité qui n'est pas évidente et qu'il faut démontrer. L'énoncé « d'un théorème renferme deux parties, savoir : une hypothèse « faite sur un certain sujet et une conclusion qui est la conséquence « de l'hypothèse Le raisonnement que l'on fait pour déduire la « conclusion de l'hypothèse, lorsque leur dépendance n'est pas « évidente, est appelée la démonstration du théorème ».

Presque toutes les Géométries débutent par des propositions à

peu près analogues. J'ai choisi les leçons nouvelles d'Amiot à cause
des développements donnés aux Prolégomènes. Il s'agit d'une
Géométrie non tout à fait élémentaire, et l'auteur s'adresse à des
esprits qu'il désire lui-même exigeants.

On y voit que ce sont les corps qui nous ont conduits à la connaissance des figures, d'une part, et d'autre part que le Géomètre
fait des hypothèses, pense à propos de ces figures. Or, évidemment,
s'il se donne le souci de penser à leur sujet (de faire des hypothèses)
c'est qu'il faut que ces figures aient des propriétés. L'opposition
que j'indiquais tout à l'heure est bien évidente : les corps, les figures
avec leurs propriétés, et la pensée dont la fonction est de découvrir
ces propriétés.

J'avais donc raison d'accuser les Prolégomènes de la Géométrie,
tels qu'on nous les présente habituellement, de renfermer une vraie
Métaphysique. Il est de fait, du reste, que notre langage courant,
toutes nos conceptions sont tellement imprégnées de cette Métaphysique que nous ne la reconnaissons plus comme telle, et qu'il
nous semble que ces propositions ne font qu'exprimer ce que le
bon sens de chacun lui dicte.

Allons plus loin toutefois. Dépassons ces Prolégomènes; ouvrons
le livre à une page quelconque et voyons ce qu'on y fait. Il est
entendu qu'on ne parlera plus des corps mais des figures. Or, où
les prend-t-on ces figures? On ne les prend nulle part. On les
trace. Et, ce qui les trace, c'est notre main. Et que fait-elle pour
les tracer? un mouvement, dont par un artifice la trace demeure
sur le papier. Ce sont ces traces de mouvement qui sont la vraie
matière de la Géométrie. Il n'y a plus place ici pour aucune Métaphysique. Ce ne sont plus les corps qui nous ont conduits à la
connaissance des figures. Ces figures sont notre œuvre. Ont-elles
des propriétés? Certes. Mais quel sens faut-il donner à ce mot?
Il est manifeste. Comme nous ne pouvons faire un mouvement que
d'une certaine manière, c'est la manière dont nous avons fait ce
mouvement qui détermine les propriétés de la figure. Celle-ci étant
la trace d'un mouvement et étant visible comme telle, je peux faire
un nouveau mouvement qui soit fait dans de certaines conditions
par rapport à cette trace. C'est une nouvelle manière de faire un
mouvement, et il en résultera de nouvelles propriétés de la nouvelle
figure de ces différentes traces de mouvement.

Je ne fais pas, dans l'énoncé d'un théorème, une hypothèse sur une figure, attendant ensuite en quelque sorte qu'il plaise à ma pensée de trouver quelle est la conclusion à tirer de mon hypothèse, mais je·trace d'emblée une ou plusieurs lignes dans des conditions déterminées, et je cherche l'expression rigoureuse de la dépendance de ces différents mouvements, c'est-à-dire des différentes portions de la nouvelle figure ainsi formée. Une ligne droite tracée dans le plan d'un triangle (transversale) n'est pas seulement cela. Elle est encore une ligne qui forme avec ce triangle et le prolongement d'un de ses côtés deux triangles et un polygone de 4 côtés. Le triangle primitif n'a servi que de point de départ pour la formation d'une nouvelle figure. C'est à peine si on ose dire, tant cela est évident, qu'il ne s'agit plus ici des propriétés du triangle, mais des propriétés de la nouvelle figure ainsi formée.

Lorsqu'on s'habitue à envisager les choses comme je le fais ici, on trouve à la manière dont nous sommes initiés aux rudiments de la Géométrie une certaine saveur scolastique un peu surannée. Cette majestueuse ordonnance de nos Traités exige sans doute que l'on démontre en quelques lignes qu'un côté quelconque d'un triangle est moindre que la somme des deux autres et que l'on avoue, non sans quelque confusion, qu'il faut bien admettre sans preuve que d'un point situé hors d'une droite on ne peut mener qu'une parallèle à cette droite ; mais je doute fort que les enfants et même bien des hommes faits comprennent que ces exigences ne soient pas simplement subtiles. Elles ne le sont pas ; ils le reconnaîtront plus tard, s'ils atteignent les parties élevées de la dialectique analytique. Mais pour combien d'entr'eux « plus tard » arrivera-t-il ? Il reste alors au grand nombre une chose : l'ignorance des sacrifices indispensables d'investigation plus libre, plus philosophique, au prix desquels s'obtient la merveilleuse concision des énoncés dont s'enorgueillit le langage géométrique. Les initiateurs ont compris qu'ils ne débrouilleraient utilement l'écheveau des causes secondes qu'en faisant l'élimination des conditions premières. Ils savent, eux, que cette élimination est purement verbale, et ne prétendent point nous donner un tableau fidèle du réel, mais nous enseigner des méthodes de prévision qui s'adaptent à des phénomènes strictement déterminés. La sobriété des commentaires explicatifs apparait alors comme une condition même de la rigueur

scientifique, et c'est là ce qui s'insinue dans l'esprit d'une manière
vraiment subtile et dangereuse.

Pourquoi ne pas reconnaître que certaines définitions resteront
toujours trop étroites pour être applicables à tous les cas ? Par
exemple, d'après Amiot, le point étant le lieu de l'intersection de
deux lignes on ne devrait parler du point que quand on a parlé
préalablement de deux lignes et, pourtant, il dit un peu plus loin :
la ligne droite est la plus courte distance de deux quelconques de
ses points. Nous envisageons donc des points sur une seule ligne.
C'est parce que tacitement nous avons admis que l'on peut toujours
couper une ligne par une autre en un lieu quelconque de cette
ligne, et ce lieu est le point. Mais alors ce n'était plus la peine de
le définir comme l'intersection de deux lignes, puisqu'il existait
avant que je traçasse ma seconde ligne. On se dispenserait aussi
avec avantage de définir la Géométrie : la science de l'étendue, ce
qui n'ajoute rien à nos connaissances géométriques ou philoso-
phiques.

La Géométrie s'occupe, en réalité, des résultats produits par les
variations des angles et des distances dans une partie des éléments
d'une figure, sur les autres éléments de la même figure. Cette figure
est dite même parce qu'elle est définie par les parties dont elle est
composée sans que la grandeur concrète de ces parties soit donnée.
Pour que cette définition soit généralement applicable il faut que je
considère comme formant une seule figure deux droites parallèles ;
et, en effet, deux individus qui cheminent en droite ligne, en s'imposant la condition de tenir un corps rigide chacun par un point fixe,
suivent des chemins parallèles et la trace de ces chemins est deux
droites parallèles.

La cinquième définition du livre I des Eléments de Géométrie de
Legendre est ainsi formulée : On conçoit les volumes, les surfaces,
les lignes indépendamment des corps auxquels ils appartiennent.
A cette affirmation (que Legendre range parmi ses définitions) il
n'y a qu'une réponse à faire : essayez.

Si vous n'y parvenez pas, ce que je crois, ne feriez-vous pas mieux
de convenir que les figures sont figures de corps, d'objets sensibles,
mais de corps envisagés sous un point de vue particulier, figurés
par nous dans un but particulier. Quand nous parlons d'un poids
n'envisageons-nous pas également les corps sous un point de vue

particulier ? Nous ne tenons compte ni de la couleur, ni de la saveur, ni d'aucune qualité autre que celle de l'effort qu'il nous faut faire pour le soulever ou le maintenir élevé.

En va-t-il autrement de ce corps auquel j'ai donné une forme, une figure ? Est-il simplement le symbole de mon mouvement ? Non ! il *est* grâce à ce mouvement, de même que le poids *est* grâce à mon effort Il *est*, mais il est pour moi d'une manière particulière : il est figure de mouvement ; de même que le poids est manière d'être d'effort. Nos figures géométriques ne représentent donc pas autre chose que ce qu'elles sont elles mêmes. C'est en les traçant que nous faisons non de la Géométrie, mais la Géométrie.

Les figures que nous traçons sont la trace du mouvement ; elles ne sont pas le mouvement lui même. Quand nous les retrouvons après les avoir tracées, elles ne nous donnent plus tous les éléments de mouvement Il n'en est pas moins vrai que pour distinguer ces figures l'une de l'autre nous serons obligés de tenir compte des différents éléments du mouvement. Nous ne pouvons pas définir une figure par une autre figure sans arriver à un terme où il faille parler d'autre chose que de figure. Il nous faut remonter au-delà. Cet « au-delà » ne peut ê ce qu'un ou plusieurs éléments du mouvement sans lequel la figure n'existerait pas. Or, dans le mouvement quelconque d'un mobile je peux considérer : 1° son commencement et sa fin ou : ou sa fin ; 2° la direction ou le changement de direction du mobile ; 3° le temps pendant lequel le mobile se meut ; 4° la force sans laquelle le mobile ne se mouvrait pas.

Quand un corps au repos commence à se mouvoir, j'appelle point le lieu où du repos le corps passe au mouvement ; ou encore, si le mouvement continue, j'appelle point le lieu où le corps change la direction de son mouvement ; ou encore j'appelle point le lieu où du mouvement le corps passe au repos. En Mécanique, le point sera aussi le lieu ou la vitesse du mouvement sera changée. Mais, en Géométrie, il n'y a de points que ceux que nous envisageons ici. Si le mobile, en s'arrêtant par l'effet de la résistance du milieu, laisse une trace, le point sera le lieu où l'arrêt du mouvement s'est produit par la rencontre du mobile avec le corps sur lequel il laisse une trace. Le point géométrique est donc déjà une figure. Il est la figure d'un mouvement arrêté et par conséquent détermine un

lieu fixe par rapport au mobile dont le mouvement a été arrêté.
Pour la commodité de nos démonstrations nous lui donnerons de
petites dimensions afin qu'il n'y ait pas ambiguité sur le lieu
d'arrêt du mobile ; mais il ne sera utilisable à titre de figure géométrique qu'à la condition d'être un objet sensible. Vous pouvez le
réduire par l'imagination autant que vous voudrez et tout ce que
vous direz de ce lieu fixe restera vrai, mais il ne pourra servir à
construire une nouvelle figure qu'à la condition de tomber sous le
sens, c'est-à-dire, dans la généralité des cas d'être visible. Le point
cesse ainsi d'être quelque chose d'idé 1 , mais, en Géométrie, je ne
veux voir de lui que la signification spéciale que je lui ai donnée.
Il détermine un lieu fixe.

La ligne, elle, est la trace laissée par un artifice quelconque, par
un mobile sur un autre corps le long duquel il se meut. Comme
je n'ai en vue que l'étude du mouvement et encore de cet effet seul
du mouvement qu'il a de laisser une trace et de former ainsi des
figures, la ligne obtenue sur un corps résistant, qui n'est figure que
de certains éléments du mouvement, suffit au Géomètre. Pour
tracer des figures, je n'ai besoin de m'inquiéter ni de la vitesse
de mon mobile, ni de la force qui l'a mis en mouvement. Restent
la direction, le commencement et la fin du mouvement sur lesquels la trace me renseigne essentiellement Comme je peux toujours supposer que pour figurer cette trace le mobile ait interrompu
son mouvement, puis l'ait repris, je peux imaginer sur ma ligne
autant de points que je voudrai. Je pourrai aussi toujours imposer
à la ligne la condition de passer par un point quelconque supposé
accessible aux modes de mouvements dont je dispose entre un point
antérieur de la ligne et le point quelconque ; et si cette condition est
remplie le point fera partie de la ligne Je pourrai imposer à la ligne
la condition de passer par autant de points que je voudrai.

Envisageons un intervalle de deux points. Un mobile et sa trace
pourront passer par ces deux points. Mais pour que cette conception soit réalisable, il faut que moi-même ou un autre nous ayons
tracé ces points, ou que nous ayons considéré comme point de
départ et d'arrivée un objet visible (sensible) réduit, si l'on veut, aux
dimensions d'un point, avec le sens particulier indiqué précédemment de désigner un lieu fixe. Le long du chemin que va suivre le
mobile c'est mon acte qui va donner à la trace sa propriété En

effet, parmi toutes les traces de mouvement ou chemins qui peuvent exister entre les deux points, une différence ne peut être formulée qu'à la condition que j'introduise une notion nouvelle qui ne peut exister que chez un individu intelligent au moment de son action ou de ses actions successives. Ce qui différenciera ces chemins, c'est cette grandeur particulière qu'on appelle la longueur, et cette grandeur ne peut pas plus exister sans mouvement que le mouvement sans grandeur. La trace laissée par un mobile quelconque ne peut devenir objet de réflexion qu'à la condition d'être imaginée comme trace d'un mobile vivant à qui il a fallu du temps et une certaine force pour aller d'un point à un autre, et à qui il n'en a fallu que pendant le temps particulier qui a été employé à franchir cette distance. Je distinguerai donc les chemins différents qu'on pourra faire d'un point à un autre par le caractère donné par un vivant à son mouvement.

Différencier une figure d'une autre en vertu d'un axiome, (donnant à ce mot le sens habituel : une proposition évidente par elle-même), c'est, tout le monde en conviendra, énoncer le fait que l'intelligible ne nous est pas fourni par les objets extérieurs sans que l'intelligent y place une donnée qu'il puise en lui-même. Or, je prétends que cet intelligent ne puise pas cette donnée en lui-même sans accomplir un acte ; lequel acte, s'il doit devenir objet ou point de départ de réflexion, laisse une trace : la trace du mouvement, la figure.

L'intelligent corporel ne saisit donc pas ce qui est tout formé en dehors de lui, sans le prendre des organes du mouvement d'un autre vivant au lieu où cet autre vivant, ou lui-même antérieurement, l'a placé, et il le fait entrer par un nouveau mouvement dans ce qu'il forme, avec la propriété que cette position antérieure lui a donnée. Ainsi en va-t-il de deux points entre lesquels je trace une ligne. Ils préexistent à la ligne tracée, avec leur distance, donc ils *ont été placés* à une certaine distance l'un de l'autre. L'axiome qu'entre deux points il n'existe qu'une ligne qui soit plus courte que toutes les autres implique que ce qui parcourt cette ligne soit un vivant qui fait un chemin en plus ou moins de temps, qui puisse commencer le mouvement et l'arrêter, qui puisse en modifier la direction, qui, en tant que vivant, laisse une trace de ce mouvement, ou, davantage, qui suive une trace laissée antérieurement par un vivant, donc qui ne pense pas seulement mais qui agisse.

Je tirerai donc de l'énoncé : « parmi les différentes lignes qu'on peut mener d'un point à un autre on admet comme évident qu'il n'en est qu'une qui soit plus courte que toutes les autres et on l'appelle ligne droite », la conséquence suivante : la ligne droite ne peut être distinguée de toutes les autres que si elle est la trace du chemin suivi par un vivant intelligent. Partir d'un axiome pour donner la définition d'une figure et définir la figure appelée ligne droite : la plus courte distance des deux quelconques des points de cette ligne, c'est déclarer que cette ligne ne peut être conçue que comme remplissant des conditions que comporte telle espèce de mouvement à l'exclusion de telle autre ; et les conditions du mouvement ne peuvent être déterminées que par celui qui le fait, on l'imagine parce qu'il a l'expérience de mouvements antérieurs.

En effet, dans cette définition nous trouvons cette expression la plus courte distance, et dans ce mot court nous introduisons l'élément temps et force dont rien ne reste dans la trace laissée sur le papier, par exemple ; la plus courte, c'est-à-dire celle qu'on peut franchir dans le moins de temps possible. C'est, en réalité le temps mis à suivre cette ligne avec une vitesse constante (c'est-à-dire la force ne variant pas pendant les intervalles de temps successifs) qui nous permet de déclarer que cette ligne est plus courte que les autres. Pour distinguer la droite des autres lignes nous faisons fonds sur des propriétés qui n'existeraient pas sans les conditions auxquelles se soumet le mobile qui la trace. Supposons, en effet, deux mobiles parcourant un chemin entre deux points ; l'un suivant la droite qui joint les deux points, l'autre suivant une courbe quelconque, mais avec une vitesse plus grande qui permette au mobile le plus prompt d'arriver au second point en même temps que le mobile le plus lent. Ces deux mobiles ignorant leurs vitesses respectives ne sauraient jamais si la droite est plus courte que la courbe : ils n'éprouveraient pas le besoin de s'entendre sur ce qui différencie ces deux chemins. La droite est donc autre chose qu'un chemin dont nous avons sous les yeux la trace. Elle ne signifie pas seulement un objet visible, elle a une grandeur (longueur) ou, comme on dit en Mathématique, elle est une grandeur. Or, ce caractère grandeur ne lui devient inhérent que parce que, par delà cette trace visible, je vois le mouvement du mobile qui a laissé sa trace. Nous ne pouvons avoir la notion d'une grandeur sans penser à un mouvement. Davantage, un objet géométrique, une figure ne peut exister à titre d'objet indépendant sans qu'un mouvement lui ait donné une grandeur, des dimensions. La grandeur de la distance de deux quelconques de ses points (grandeur qui est la plus petite possible) servira à définir la droite et à la différencier de toutes les lignes courbes ou brisées. Ainsi de suite, toutes les figures seront définies par les conditions imposées aux mouvements nécessaires pour les tracer.

Mais comment imposer ces conditions? Nous n'avons trouvé jusqu'à présent qu'une espèce de grandeur : la distance, (des chemins); nous pouvons mesurer, non raisonner. Car ici raisonner c'est conclure que de la valeur particulière attribuée à une espèce de grandeur résulte nécessairement telle valeur particulière, ou telle série de valeurs particulières d'une autre espèce de grandeurs. C'est encore le mouvement qui fournira cette grandeur d'une nouvelle espèce, grâce à laquelle on pourra raisonner géométriquement dans le sens indiqué ci-dessus, c'est-à-dire en conformité avec la notion pratique de l'art du géomètre par laquelle nous avons remplacé la définition critiquée : la Géométrie est la science de l'étendue.

Nous ne pouvons nous mouvoir sans que naissent aussitôt plusieurs grandeurs, la distance, le temps, la force. Il est un élément du mouvement, sa direction qui ne nous apparaît pas comme une grandeur, en ce sens qu'une direction ne saurait être plus grande qu'une autre direction. Toutefois, deux directions suivies successivement par un même mobile (imaginons un vivant se mouvant sur le sol) impliquent une grandeur, celle de l'angle dont ce vivant a tourné sur lui-même pour parcourir deux droites dont fait partie un même point, celui où la rotation du vivant sur lui-même a eu lieu. Deux directions, à partir d'un point commun, sont donc comparables à deux autres directions. Arrivé à un certain point de son chemin le mobile est supposé s'être arrêté, avoir fait un mouvement de rotation sur lui-même, et être reparti après ce mouvement. Si nous admettons que le mouvement de rotation du mobile sur lui-même ait été effectué avec une vitesse constante (mouvement uniforme) l'écartement des deux chemins rectilignes (l'angle que font les deux traces) servira à mesurer la durée du mouvement de rotation, à condition que la rotation n'ait pas été plus grande que la moitié d'une circonférence.

S'il n'y a pas eu de rotation qui ait interrompu mon mouvement de progression, mon chemin est une ligne droite. Dès lors la droite m'apparaît comme autre chose encore que ce que nous avons vu, à savoir, le plus court chemin d'un point à un autre ; elle est, en outre, le chemin parcouru par un vivant, ou une partie d'un vivant, qui ne tourne pas sur eux-mêmes pendant leur mouvement de progression. Ces deux notions : angle nul et chemin le plus court sont corrélatives. Je ne peux tracer une droite sans penser à ne *pas dévier* d'une direction définie par une certaine grandeur particulière · la plus courte longueur possible de la trace entre deux quelconques de ses points. Mais je peux aussi, à un moment donné de la progression sur le plan, tourner d'un certain angle, je peux tourner une seconde fois, et ainsi de suite en m'imposant de remplir certaines conditions pendant que je parcours ces chemins, que je trace ces figures; dès lors, des figures variées peuvent être tracées et les conditions du mouvement accompli pour les tracer peuvent être énoncées sous une forme qui permet, à la rigueur, de parler des propriétés d'une figure. Je dis à la rigueur, car indiquer ces propriétés et les conséquences qu'on en tire c'est plutôt faire le commentaire de plusieurs définitions considérées dans leur dépendance réciproque, qu'étudier à proprement parler des propriétés pour remonter à leur cause, ce que fait plus apparemment le chimiste, quand il étudie les propriétés des corps. En Géométrie, la cause c'est mon intention. En se plaçant à ce point de vue, le triangle ne sera plus défini comme la portion de plan terminée par trois droites qui se coupent deux à deux, mais il sera la trace du mouvement d'un mobile qui va d'un point à un autre par le chemin le plus court et qui retourne à son point de départ en faisant le plus petit nombre d'angles possible. Comme le mobile revient à son point de départ nous obtenons une figure fermée, c'est-à-dire qui a un dedans et un dehors, et nous pouvons considérer des points pris en dehors ou en dedans du triangle. Les chemins que nous parcourrons à partir de ces points auront des relations variées avec les chemins que nous avons parcourus pour tracer le triangle. Par exemple, nous verrons que si d'un point pris en dedans d'un triangle on mène des droites aux extrémités d'un côté, la somme de ces droites sera moindre que celle des deux autres côtés du triangle primitif. Mais cette démonstration n'est possible qu'à la condition qu'en suivant une ligne brisée une fois, pour revenir au point de départ, nous ayons tracé une figure ayant un dedans et un dehors.

Mon but est, on le voit, de montrer que la vraie origine de nos raisonnements géométriques doit être cherchée dans les conditions auxquelles nous soumettons nos mouvements successifs, en tant que nous ne considérons de ces mouvements que leur direction et ce que l'on appelle leur étendue. Mais nous ne pouvons penser à l'étendue d'un mouvement sans que toutes les conditions du mouvement soient, exprimées ou non, présentes à notre imagination. Les expressions telles que : prolonger une ligne jusqu'à ce qu'elle en rencontre une autre, par exemple, indiquent bien que la notion de temps comme élément du mouvement ne saurait être exclue de la Géométrie. Le temps n'est pas la grandeur que l'on considère dans les figures, mais il reparaît quand on parle de la manière dont ces figures sont formées. La longueur des lignes et la grandeur des angles dans les figures, ce sont là les deux ordres de grandeur sans lesquels nous ne pouvons raisonner géométriquement ; et la genèse de ces grandeurs ne peut être comprise qu'en partant des deux mouvements successifs ou simultanés de rotation sur lui-même et de translation d'un mobile intelligent laissant des traces de ces mouvements de translation. Il n'y a pas lieu de parler d'une Géométrie de la nature, pas davantage d'une Logique des choses, ni d'y croire. Le Logos est le propre d'une intelligence, ou pour mieux dire la condition d'existence de plusieurs intelligents à la fois. Géométrie de la nature prend un sens si nous entendons par là que nous ne pouvons pas imaginer une nature où nos mouvements ne produiraient pas des traces différentes selon que, en cheminant, nous tournons d'angles plus ou moins grands, et que nous suivons des chemins plus ou moins longs.

La vérification expérimentale d'un théorème est superflue parce que je sais que si je fais ceci, je fais en même temps cela ; que si je parcours le plus court chemin d'un point à un autre, je ne dois pendant que je marche, tourner ni à droite, ni à gauche ; que si je reviens à mon point de départ par un autre chemin que celui que j'ai pris pour le quitter, en marchant tout droit devant moi, je ne peux pas ne pas tourner au moins deux fois sur moi-même de manière que deux angles soient le long de la trace de mon chemin. C'est donc de la *propriété* que j'ai moi-même, d'imaginer des relations variées tant par les rotations que je fais, que par les positions que j'occupe par rapport aux points d'arrivée ou de départ, que résulte la Géométrie.

Présentés ainsi, les préliminaires de la Géométrie ne s'appuient sur aucune Métaphysique, à condition d'accepter comme acquis les faits suivants : je peux me donner à moi-même une consigne conformément à laquelle j'exécuterai certains mouvements ; les objets extérieurs sont tels qu'il soit possible de conserver la trace de certains mouvements. Quant au surplus nécessaire pour faire de vous un Géomètre, c'est à votre imagination à en faire les frais.

CHAPITRE III

—

LES PROLÉGOMÈNES DE L'ANALYSE NUMÉRIQUE

Faisons à présent des Prolégomènes de l'Arithmétique une analyse analogue à celle que nous venons de faire de ceux de la Géo--
métrie.

1. Critique des définitions. — On commence, en général,
l'étude de l'Arithmétique en posant une séparation entre deux catégories de phénomènes : séparation analogue à celle que nous
avons signalée au début des Géométries.

Ce qui nous fournit les éléments de la science des nombres se
passerait en dehors de notre esprit, et notre esprit, lui, élaborerait
cette science, grâce à ces données. Les éléments du travail auquel
se livre l'esprit humain pour constituer la science des nombres
nous seraient fournis par la nature extérieure ; ils résulteraient de
la nature des choses. Le raisonnement, lui, dérivant de la forme
de notre intelligence serait notre fait et ne devrait plus rien à la
nature extérieure, une fois que celle-ci aurait fourni les éléments.

Les premières lignes du Traité d'Arithmétique de Serret disent :
« Si nous apercevons des objets qui nous paraissent semblables et
« que notre attention se porte sur chacun d'eux en particulier puis
« ensuite sur leur réunion, nous avons l'idée d'une chose et de
« plusieurs choses. On emploie le mot unité pour désigner un ob-
« jet quelconque, faisant ainsi abstraction de ses qualités particu-
« lières, et l'on comprend sous le nom général de nombre soit
« l'assemblage de plusieurs unités, soit l'unité elle-même. » Méray
(*Leçons nouvelles d'Analyse infinitésimale*) débute ainsi : « L'ana-

« lyse mathématique est la science générale des *nombres*, c'est à-
« dire des rapports *numériques* concevables entre les objets divers
« sur lesquels notre attention peut se diriger, sans s'arrêter à leur
« nature particulière »,

Les éléments : *un, plusieurs,* viennent du monde extérieur supposé donné Ce que nous allons faire de cet un et de ce plusieurs
vient de notre esprit, à condition qu'il fasse attention. Les deux
auteurs ne sollicitent pas de notre part autre chose que l'attention
pour constituer le nombre.

On peut critiquer ces définitions pour plusieurs bons motifs
Bornons nous aux critiques qui sont de nature à nous instruire sur
ce que nous voulons savoir : en faisant de l'Arithmétique, qu'allons-
nous avoir à faire ?

En premier lieu, le mot « objet » prête à l'ambiguité Si j'énonce
un nombre en comptant des coups de canon, ce ne sont plus des
objets sur lesquels se porte mon attention, comme le veut Serret.
Un coup de canon n'est pas un objet, du moins selon le sens commun.

Deuxièmement, Serret demande que les objets que nous'apercevons paraissent semblables, puis, comme Méray, il veut que l'on
fasse abstraction de leurs qualités particulières. A quoi bon la condition qu'ils soient semblables, si je ne tiens pas compte de leur
nature, de leurs qualités, et s'ils ne sont pas semblables qu'est ce
qui limitera la numération que j'en dois faire pour former un
nombre ? L'abstraction suffira-t-elle pour que ce qui était objet
avec qualités devienne objet sans qualités et propre par conséquent
à prendre le nom d'unité dans un pluriel ? Il faut que les objets à
compter pour former un nombre aient une marque qui les distingue de ceux qui ne sont pas à compter Quelle est cette marque ?
On répondra que parmi les qualités des objets j'en retiens au
moins une : c'est celle de faire partie d'un assemblage. Ce serait
donc cette qualité particulière (et non l'abstraction faite des qualités particulières) qui me permettrait de nommer unité *un* objet
quelconque. Mais ne croyez pas avoir échappé à la difficulté et vous
être rapproché de la définition du nombre : en effet, vous ne pouvez plus nommer l'assemblage au moyen de l'unité, puisque vous
avez nommé l'unité au moyen de l'assemblage.

Troisièmement, je critiquerai le mot *attention* employé par les deux auteurs Si, comme le veut Méray, je fixe mon attention sur des rapports numériques, c'est que les nombres, sans lesquels je ne peux concevoir de rapports numériques, existaient avant que je fixasse mon attention, et c'est précisément ce qui la dirige de manière à lui faire former les nombres que je voudrais savoir. Si, comme le veut Serret, notre attention se porte d'abord sur chacun des objets, puis sur leur réunion, je demanderai à qui incombe le rôle de réunir ce qui était séparé, puisque sans cette réunion, nécessaire pour que j'arrive à la notion de plusieurs, mon attention à elle seule n'aurait pas eu l'occasion de se porter sur plusieurs, après s'être portée sur un. Le fait seul de faire attention ne suffit pas pour que le nombre qui n'existait pas auparavant existe Faire attention est une expression utilisable dans l'enseignement oral ou dans l'exhortation que nous nous faisons à nous-même lorsqu'on nous dit, ou que nous nous disons d'oublier tout sauf la chose à faire ou à comprendre. Cette exhortation implique toujours l'idée d'un acte à accomplir ou d'une connaissance à acquérir : on fera telle ou telle chose avec attention. Or, c'est cette chose à faire qui m'intéresse lorsque je me propose de donner une idée de l'objet de mes études.

Ces trois critiques m'obligent à conclure que les plus exigeants échouent dans leur tentative et nous donnent des définitions ambiguës, quand ils prennent le point de départ de ces définitions dans la nature extérieure pour nous faire comprendre ce que sera notre activité en tant qu'individus calculants.

Aussi bien, les définitions du nombre sont-elles sujettes à révision de la part de leurs auteurs au fur et à mesure qu'ils avancent dans leur exposition. Nous venons de voir ce que dit Serret à la première page de son traité. A la page 55 du même ouvrage il dira : « Le résultat de la mesure d'une grandeur est appelé un nombre ». Puis, à la page 138 : « Les nombres ne sont que la représentation des grandeurs. » Il n'y aurait rien à reprocher à notre auteur — et l'exemple ici choisi ne l'est, dans cet auteur, que pour fixer les idées, car des critiques analogues peuvent être faites aux Prolégomènes des Traités d'Arithmétique usuels — il n'y aurait rien à lui reprocher, dis-je, si ces nouvelles définitions n'étaient que de simples extensions de la première. Il arrive souvent que l'on définisse, puis que l'on soit amené à remarquer que ce que l'on a dé-

fini n'est pas seulement ce que l'on vient de dire, mais autre chose
encore. Mais, dans ce cas, la première définition ne doit comprendre que des applications qui peuvent rentrer dans une catégorie plus vaste, celle des applications visées par la seconde définition, et la seconde définition ne comprendre que des applications
qui elles-mêmes seront catégorisées comme cas particuliers visés
par une troisième définition. Ainsi, un nom est un mot qui n'est
pas seulement destiné à faire concevoir aux autres ce que nous
concevons. Il est cela et autre chose encore : il suscite dans notre
esprit une pensée semblable à quelque pensée que nous avons eue
auparavant (Hobbes). Il est donc un instrument de pensée. Mais
en étant envisagé sous ce point de vue, il ne cesse pas de pouvoir
l'être sous le premier, celui d'être un signe que nous faisons aux
autres de notre pensée à nous. Ou encore, si, après avoir défini la
droite, le plus court chemin d'un point à un autre, je la définis :
la ligne telle que la longueur du chemin parcouru entre deux de
ses points mesure la distance de ces points, je n'ai pas donné une
définition qui ne s'applique pas au premier cas, mais j'ai introduit
un nouveau mot : mesurer, ce qui suppose un acte accompli en
suivant un chemin en ligne droite, mais laisse la droite ce qu'elle
était dans ma première définition · le plus court chemin...

Il n'en est pas ainsi dans le cas qui nous occupe : les nombres ʼ
sont la représentation des grandeurs. Que signifie alors cette
phrase : on a tiré 15 coups de canon ce matin. Quinze coups de
canon ne sont pas plus grands que 14 coups de canon. De même
douze arrangements de 4 objets deux à deux ne sont ni plus ni
moins grands que onze arrangements de 4 objets deux à deux.
Et même, s'il s'agit d'objets que je suis habitué (à tort ou à raison)
à considérer comme des objets matériels délimités, la notion de
pluralité ne se confond pas obligatoirement avec celle de grandeur.
Si je délimite dans le ciel la figure formée par les sept étoiles de
la Grande Ourse, je ne pense pas à ce fait que sept étoiles soient
plus que six et moins que huit étoiles Je forme un tout figuré
avec des objets définis et le nombre m'a servi à donner une certaine forme à ce tout, sans que l'idée de grandeur s'impose nécessairement.

La première définition du nombre s'applique dans ce cas ; point
la seconde ni la troisième.

2. Le nombre considéré comme résultat d'un acte. — Serons-nous donc réduits à renoncer à toute définition, puisque, aussi bien, quand nous voulons définir le nombre nous nous servons de termes vagues tels que qualités, représentation, attention, abstraction, rapports numériques, etc., qui ne nous donnent pas l'idée de ce que nous allons avoir à faire en apprenant à calculer ? Le calcul arithmétique et analytique ne serait plus alors qu'un ensemble de procédés, de recettes, d'une grande valeur pratique, mais sur la portée duquel il nous sera interdit de philosopher ; un outil que nous faisons fonctionner, sans qu'il nous soit permis de le démonter. Interdiction vaine ! Nous voudrons toujours savoir ; savoir, tout au moins, pourquoi nous ne pouvons pas savoir.

Si nos critiques sont fondées, on trouvera que le plus sage est de définir le nombre par un acte, et de dire simplement : le nombre est le résultat de l'acte de compter. Quand on énonce ou qu'on écrit un nombre, c'est que l'on a compté, que l'on compte ou que l'on comptera, ou du moins qu'on aurait pu compter : « ils étaient bien trois cents dans cette assemblée. » On objectera à cette définition que compter suppose le nombre déjà tout formé, ou du moins des mots, des caractères reçus par tradition,... par conséquent *antérieurs à la tradition*. Certes ! mais qu'y faire ? Cette expression, antérieure à la tradition, ne nous montre-t-elle pas qu'exiger plus que ce que nous donnons ici à titre de définition nous ferait reculer au delà du temps, en quelque sorte, si ces mots ont encore un sens. Marcher ne suppose-t-il pas le pas ? Parler ne suppose-t il pas le mot ? Il est évidemment chimérique de nommer le résultat d'un acte, sans supposer l'acte lui-même, ou inversement de nommer l'acte sans supposer son résultat. L'ambitionner serait se représenter l'état d'un homme qui, ne sachant pas ce que c'est que compter, se dirait : je vais compter ; représentation contradictoire.

Le nombre sera donc pour nous le son émis ou imaginé, le caractère tracé ou imaginé qui résulte de l'acte de compter. Mais de même que réciter n'est pas discourir, dire un, deux, trois..., écrire 1, 2, 3... n'est pas compter. C'est réciter des mots ou dessiner des caractères, si nous n'ajoutons pas à leur énoncé ou à leur figuration d'autres mots indiquant ce que nous faisons de ces mots ou de ces caractères. Il semble donc que nous retombions dans la difficulté à laquelle nous voulions nous soustraire, car alors ce sera ce que nous faisons de ces mots ou de ces caractères qui fixera rigoureusement la notion de nombre, et croyant tenir quelque vérité en définissant le nombre par l'acte de compter, je n'ai fait que me leurrer moi-même. Pour réfuter le sophiste qui me ferait cette objection, je répondrai simplement : « Ce que je fais avec ces mots et ces caractères ! mais je compte, précisément ; et je compte pour que le ou les mots que j'obtiens en comptant prennent place dans un discours suivi. » Cette objection a eu du bon, toutefois. Elle nous oblige à nous rappeler que quand on compte, on compte quelque chose. Rappelons-nous que nous apprenons aux enfants à compter sur leurs doigts. De même que l'on ne parle pas sans dire quelque chose, on ne compte pas sans compter quelque chose.

3. Que compte-t-on ? — Il résulte de ce que je viens de dire au paragraphe précédent que pour arriver à la notion de nombre il faut autre chose que l'attention. Il faut que les conditions physiques nécessaires pour pouvoir compter soient remplies ; il faut, en d'autres termes, avoir quelque chose à compter. Il faut que celui qui nous donne un nombre ou nous-mêmes, si c'est nous qui comptons, nous nous soyons mis dans ces conditions physiques, soit directement soit en faisant fonctionner un engin.

On peut énoncer très simplement cette nécessité : il faut, pour que l'on puisse compter, qu'il arrive quelque chose et même plusieurs choses. Or, quelque chose arrive à quelqu'un. Il faut pour que je forme un nombre que je veuille compter certaines occurrences ; précisant davantage, certaines rencontres qui m'arrivent, certaines déformat'ons aussi ; comme lorsque je compte les fois qu'il m'est arrivé de lever les bras ou d'avancer la jambe. Cet énoncé comprend évidemment les cas où je suis moi-même cause de ces occurrences, ceux où je fais arriver des rencontres pour avoir l'occasion de les compter. Je veux, par exemple, qu'il m'arrive de regarder ou de toucher successivement certains objets spécialement créés pour être comptés (des bornes kilométriques, des degrés du thermomètre en partie rempli de mercure), de les regarder en comptant, jusqu'à ce que quelque chose de prévu arrive, comme entre autres, qu'il n'y ait plus d'objets à compter sur une étendue déterminée d'avance. Il semble que je compte des objets ; en réalité, je compte *mes actes et* les occasions de mes actes, les objets.

4 Pourquoi compte t on ? — L'Analyse mathématique a un langage spécial, mais les résultats de cette analyse ne prennent place dans l'ensemble de nos connaissances que lorsque l'énoncé de ces résultats est une réponse aux questions que l'homme se pose sur les résultats de sa propre activité. Il est loin d'en être toujours ainsi ; mais c'est une imperfection que les efforts d'une exposition de plus en plus pénétrante doivent faire disparaître. Ce ne sont pas seulement les applications de la science dont le champ est infini ; c'est aussi l'exposition de la science dont la clarté doit devenir de plus en plus grande Les propositions analytiques, les formules qui les traduisent dans un langage de convention, rappellent ou permettent d'imaginer des opérations ou des formes matériellement représentables. On traduit en langage mathématique les conditions d'une conclusion à tirer ; inversement, on traduit en langage vulgaire les résultats d'une opération mathématique Une *certaine* connaissance préalable de ce que sera le résultat est la condition de sa poursuite. Une connaissance *certaine* du résultat est la fin de cette poursuite.

Je sais d'avance, puisque je compte, que je peux répondre par un nombre à la question *combien* ; et c'est pour y répondre que je compte. Ce ne sera donc pas introduire une nouvelle notion des nombres que de les définir : les mots particuliers qui, dans le discours, répondent à la question : combien ?

Ces mots entrent dans les propositions comme tous les mots. Il y a donc une logique des propositions dans lesquelles ils entrent. Or, la proposition avec nombre est d'une espèce particulière On n'y affirme plus au moyen de la copule que tel attribut convient ou ne convient pas à tel sujet. Mais on y affirme que ce que l'on a dénommé et à propos de quoi on se pose la question : combien ? est ou n'est pas en nombre égal au nombre que l'on va dire après avoir compté.

Si nous passons au langage écrit, on peut dire que l'on compte pour pouvoir écrire un nombre à la droite du signe = après avoir écrit à la gauche de ce signe une quantité. La quantité ce sera certaines occurrences, rencontres, particulièrement choisies pour être comptées. Cette certaine connaissance dont je parlais tout à l'heure est donc celle que, si certaines conditions d'activité sont remplies, il va arriver quelque chose et même plusieurs fois quelque

chose Ces occurrences ou rencontres nous fournissent l'occasion
de compter.

5 Des différents modes de compter — On peut donc dire
que c'est à savoir ce que l'on a à mettre de part et d'autre du
signe = que s'appliquent l'analyste et le calculateur. L'Analyse mathématique, l'Arithmétique n'existent pas sans ce signe L'écriture
est la condition indispensable de toute conception vraiment analytique. Pour avoir une telle conception il faut savoir ce que l'on
aura à écrire en formule.

Or, si l'on regarde ce qu'il y a de part et d'autre du signe = on
trouve :

1° Des caractères qui s'appellent chiffres ;

2° Des signes propres au langage mathématique : +, —, ×, :,
$\sqrt{\ }$, etc. ;

3° Des parenthèses ;

4° Des lettres, qui ne sont pas seulement destinées à remplacer
les chiffres, mais qui sont indispensables à la langue mathématique ;

5° Des mots servant de titre ou d'enseigne ou des lettres de convention qui les remplacent. Ils expliquent le sens des formules ou
groupes formés avec les éléments désignés sous les numéros 1, 2,
3, 4 et les applications que l'on peut en faire. A propos du numéro 4, il faut remarquer qu'on ne saurait logiquement se passer
des lettres, même au début de l'étude des Mathématiques. Elles
n'apparaissent pas seulement quand après avoir fait de l'Arithmétique on aborde l'Algèbre C'est une vue erronée qui fait dire que
l'Algèbre est une Arithmétique généralisée, ce qui ferait croire
qu'il y a une Arithmétique spéciale et une Arithmétique générale.
On ne peut faire d'Analyse mathématique, même élémentaire, sans
lettres.

Celles-ci ne remplacent pas les chiffres que l'on pourrait écrire,
mais ont le sens de : un nombre non nommé (non nommable
souvent) mais remplissant telles ou telles conditions. Vous ne
pouvez raisonner sur une quantité *inconnue* ou *variable* à introduire
dans une formule en la désignant à titre de nombre

Réciproquement, vous ne pouvez faire de l'Algèbre sans nombres
nommés ; les lettres ne sauraient tous les remplacer. Comment

donnerez-vous la notion d'un polynome ordonné suivant des puissances croissantes ou décroissantes sans écrire les nombres 1, 2, 3. ? La distinction entre l'Arithmétique et l'Algèbre est naturelle ; mais cette dernière commence quand ce que l'on avait appelé en Arithmétique l'inconnue prend le nom de variable

Les éléments compris sous les numéros 1, 2, 3, 4 forment l'arsenal dans lequel puise le mathématicien afin de répondre à la question : combien ? Mais s'il a besoin d'un semblable arsenal, c'est que la question combien ne se présente pas toujours d'une manière simple, et c'est ce qu'il faut montrer d'abord.

Premier mode de compter. — Combien faut-il lui donner de pommes ? Aucune, une, deux... dix .. Dans ce cas, aucun, un, deux, trois. . sont de simples noms qui servent à distinguer aucun de un, un des pluriels, et les différents pluriels les uns des autres.

Deuxième mode de compter. — Je peux dire à un soldat : n° 1 de la 3ᵐᵉ compagnie du 4ᵐᵉ bataillon, faites ceci. Cela suppose qu'en plaçant mes soldats, mes compagnies, mes bataillons, j'ai compté d'après le mode suivant : premier, deuxième, troisième . Je ne tiens plus seulement compte du nom pluriel, mais, dans la suite des nombres, je considère le numéro d'ordre de chacun, son rang. Le premier occupera le premier rang, ou autrement dit le nombre un aura le numéro un ; le nombre deux le numéro deux.., et ainsi de suite. La question combien est voilée. La question directe est celle-ci : quel est le rang occupé par le numéro 20 dans la suite des nombres ?

A côté des questions de pluralité se posent donc des questions de rang. Pour ramener ces questions à la question : combien ?, il faut que je fasse une convention sur l'ordre dans lequel sont écrits les nombres ; il faut que je sache quels nombres successifs je rencontrerai en les prenant les uns après les autres suivant une direction déterminée, ou encore : à *partir* de quel nombre je compte. Le rang ou numéro d'ordre sera indiqué par la réponse à la question suivante : combien y a-t-il de nombres avant 20 dans la suite des nombres ? il y en a 19 ; 20 occupe le vingtième rang. Ce rang pourra me fournir l'indication d'une forme que tel rangement particulier de certains uns déterminera.

Troisième mode de compter. — Associant les deux modes de compter que nous venons d'indiquer, nous obtenons une nouvelle

numération. Soit, par exemple, une surface d'une grandeur déterminée ; je peux parler d'une surface double, triple, quadruple...
mille fois plus grande. Je peux compter de la façon suivante :

Simple un = une unité de surface....

Double d'un = deux fois un = deux unités de surface....

Mille fois un = mille unités de surface.

A la suite de mille je pourrai écrire ou dire mètres carrés, c'est-
à-dire l'unité conventionnelle de surface, ou la grandeur superfi-
cielle déterminée qui m'a servi de point de départ avant de dire :
double, triple... centuple..., etc. Ici, encore la question : combien ?
n'a pas été posée directement. Ce n'est qu'à la suite d'une convention que la question directe suivante : quel... uple de cette surface
déterminée est le champ dont la surface est à connaître? a été
transformée en celle-ci : Combien ce champ a-t il de mètres carrés ?

Dans ce cas, le nombre n'est plus un simple nom de pluralité,
il indique une valeur relativement à une autre valeur déterminée,
conventionnelle. Le nombre ne sert plus seulement à nommer les
différents pluriels, il sert à évaluer. En le prononçant je connais
non seulement une quantité, mais une valeur. C'est dans ce sens
que le nombre est dit : représenter une grandeur.

Donc un nombre a un nom (il est un ou un certain pluriel), un
rang (il est un numéro d'ordre), une valeur (un nombre est le quart,
le ...ième d'un autre).

Les trois activités que nous pouvons exercer en comptant sont :
1° former un pluriel et lui donner un nom; 2° ranger, classer,
ordonner, diriger, et dans ce cas les nombres sont des numéros ;
3° évaluer, mesurer, apprécier et dans ce cas les nombres sont des
parts.

Voyons, avec quelque détail, comment naissent les occasions
de soumettre ces activités à une discipline.

CHAPITRE IV

DU CALCUL NUMÉRIQUE OU DOMAINE PROPRE
DE L'ARITHMÉTIQUE

1. Quel dessein se propose-t-on en calculant? — Nous comptons des occurrences. Mais faire un dénombrement d'occurrences et calculer sont deux choses différentes. Le dénombrement n'est que la condition *sine qua non* d'un calcul. Lorsqu'on fait des dénombrements dans le but de faire servir les pluriels obtenus à l'accomplissement du dessein que se propose un calculateur, ces pluriels ou nombres prennent le nom particulier de données. A quoi vont servir ces données?

A remplacer par une réponse *a priori* à une question « combien », la réponse *a posteriori* à la même question « con bien » obtenue par vérification (dénombrement) directe.

Exemple. — Un chef a un tas de cartouches et un groupe d'hommes. Chaque hom ne doit recevoir le même nombre de cartouches. Il fait ranger ses hommes; donne une cartouche au premier, une seconde cartouche au second, et ainsi de suite jusqu'au dernier; puis il donne une seconde cartouche au premier, etc , bref, il continue cette répartition jusqu'à ce que la provision de cartouches soit épuisée. Il peut arriver qu'une partie des hommes aient une cartouche de moins que les autres.

Cela fait, si le chef a la curiosité de savoir combien chaque homme a de cartouches, il compte directement ce qu'en contient une part. C'est le dénombrement que j'ai appelé la vérification directe : il fournit la réponse *a posteriori*.

J'observe que cette répartition a exigé la présence simultanée de tous les hommes composant le groupe, dans un même lieu pendant tout le temps que cette répartition a duré

Le chef peut aussi *compter* les cartouches, *compter* ses hommes, *calculer* au moyen de ces *données* la part de chacun, et la remettre indépendamment à chaque homme, tout cela grâce à une division.

On conçoit, sans qu'il soit opportun d'insister, qu'une division, par exemple, soit plus ou moins facile à faire, présente un résultat sous forme plus ou moins satisfaisante (fractions ordinaires ou fractions décimales, etc.) selon que des procédés plus ou moins ingénieux ont été mis au service des calculateurs.

Dès à présent, il résulte de ce que nous venons de dire que la Mathématique comporte deux poursuites distinctes mais solidaires de la connaissance. L'analyste discernera parmi tous les desseins où entrent en jeu des quantités d'occurrences, ceux qui pour être accomplis sont soumis à des nécessités logiques identiques. Il catégorisera les questions « combien » d'après la syntaxe verbale uniforme qui sert à les poser, imaginera des signes propres à diagrammatiser (formules) les différentes catégories de desseins. L'arithméticien, à son tour, imaginera les procédés de calcul, les comparera, en fera la sélection critique, dressera des catalogues de solutions, leur donnera la f   de graphismes tabellaires, etc

L'Analyse et l'Arithmétique se pénètrent, du reste, bien évidemment en pratique; et c'   iter strictement leur domaine n'est guère possible qu'en théorie.

2. Des données. — Il n'est pas superflu d'insister sur la remarque ci-dessus, à savoir que les données d'un calcul sont toujours obtenues par un dénombrement un à un. On pourra, sans verser litre à litre des litres de liquide dans un réservoir, savoir que celui-ci a une capacité de 8 000 litres; mais pour arriver à cette connaissance, il aura fallu compter les repères d'une règle appliquée le long des trois arètes du réservoir, et les repères de cette règle ont été marqués par quelqu'un.

L'usage des données numériques est à tel point devenu une condition de notre vie sociale, se transmet à tel point par tradition que nous ne nous préoccupons le plus souvent plus des dénombrements un à un qui ont fourni ces données.

C'est grâce à eux pourtant que nous concevons la succession des existences dans le temps. Qu'on veuille bien à ce propos réfléchir à ce que serait la conception de la vie si nous ne comptions pas les jours ! C'est grâce à ces dénombrements également que nous nous sentons solidaires de ce qui coexiste avec nous, à des distances plus ou moins grandes, dans l'espace

Le propos délibéré de multiplier les occasions de dénombrement un à un, de remplacer ces dénombrements par une simple lecture faite sur un appareil automatique, stimule le zèle des inventeurs et fournit des données nouvelles indispensables à de nouvelles prévisions. L'horloge, le thermomètre, le baromètre, etc., sont les témoins de ce propos. Nous comptons ainsi des occurrences qui n'existeraient pas sans ces appareils, occurrences qui, rapprochées d'autres occurrences enregistrées, au moyen d'autres appareils ou grâce à de simples catalogues d'observation nous permettent de noter sans cesse de nouvelles coïncidences qui sont les matériaux de la science.

Nous pouvons ainsi arriver par le calcul à des nombres d'occurrences qui ne sauraient faire l'objet d'aucun dénombrement direct de la part d'un individu. Les conditions d'observation physique s'y opposeraient. En Astronomie, en Physique on calcule des pluriels énormes. Mais les données qui servent de point de départ à ces calculs sont toujours des traces d'actes individuels comptées une à une.

On peut encore remarquer que la quantité des données numériques augmente au fur et à mesure que le nombre des individus qui collaborent à un même but, et le nombre des buts auxquels les individus collaborent, augmentent. Plus la liste des dénombrements antérieurement faits par d'autres s'allonge, plus la solidarité des individus devient en même temps étroite et féconde : étroite, car l'initiative individuelle se trouve réduite par le fait des règles que nous impose l'activité de ceux qui comptent pour tous et par conséquent pour chacun ; féconde, car l'apport que chacun peut fournir en données numériques sera d'autant plus utile que ces données prendront place dans un ensemble systématique à la formation duquel participeront un plus grand nombre d'individus. La science condamne donc ses adeptes à savoir toujours mieux et davantage.

3. Du vocabulaire des noms de nombre. — On ne peut compter sans mots Or, les mots s'énoncent sans qu'on ait à les apprendre : ils jaillissent spontanément.

On ne saurait dire qu'on apprenne à parler à l'enfant. Il se met à parler quand le temps en est venu ; voilà tout. Les mots qui expriment les nombres ne font pas exception. Ils jaillissent ou pour mieux dire ont jailli on ne sait quand.

C'est donc à tort que l'on regarde comme conventionnels les procédés de la numération parlée. Il n'est pas exact de dire que la numération parlée nous *apprenne* à nommer les nombres au moyen d'un petit nombre de mots. On a dit les nombres comme on dit les mots en général. A leur racine commune l'art et l'acte se confondent et comme l'on fait et dit une chose *naturellement* avec *art*, il peut sembler qu'il y ait *artifice* dans ce qui pourtant est spontané.

La tradition nous livre la numération parlée, mais elle nous livre quelque chose d'assez ingénieusement imaginé pour qu'il ait semblé qu'il y avait propos délibéré, convention, dans la confection du vocabulaire des mots qui servent à compter. Quand on parle de la numération parlée il n'y a pas à donner de règles, on doit se borner à décrire ce que l'usage a consacré.

Voyons donc succinctement ce qu'il nous livre.

On a nommé d'un nom particulier très bref les pluriels qui se présentent le plus souvent dans l'usage commun, les premiers. Nous avons intérêt à réduire le plus possible la durée d'un dénombrement. Nous pouvons compter à la fois et très vite, deux, trois, quatre, cinq objets et peut-être six ou sept. Qu'on pense aux quatre contacts simultanés des mains et des pieds ; aux six ou sept objets (six hommes par exemple environ) discriminés spacialement de manière à ce que nous puissions les embrasser d'un regard. Si j'ai à compter 30 pièces de bétail, par exemple, je mettrai à compter les 15 dernières un peu plus de temps qu'à compter les 15 premières. Il me faudra une attention plus soutenue pour aller de quinze à trente que pour aller de un à quinze.

Faisons des rangées des objets. Nous trouverons en ce faisant, et en nous servant du « *et* » entre deux mots un moyen de soulager notre mémoire. Je mettrai en quelque sorte en réserve le mot vingt et je continuerai facilement et un, deux, trois... jusqu'à trente. Une fois le rangement imaginé, appelé à notre aide, le reste s'en suit. Il ne s'agit plus que de faire des rangées égales, puis des rangées de rangées, en même nombre que celui des premières rangées, ce qui va de soi.

Les premières rangées sont nommées de noms dont la racine rappelle celle des premiers pluriels d'uns ; trente rappelle trois ; quarante, quatre, etc. La numération parlée n'est plus alors qu'une manifestation spontanée de notre activité dénominante. Scruter davantage les conditions qui ont présidé à l'établissement de l'usage n'est plus du domaine de l'Arithmétique. Il pourra être intéressant pour un psychologue de se demander pourquoi nous disons onze, douze...., seize, puis dix-sept, premier mot composé, ce qui semble attester une limite à peu près fixe de notre mémoire rétentive, mais cela n'intéressera pas l'arithméticien.

Bornons-nous à parler des dix premiers uns dénombrés ayant un nom syllabique ; d'une, de deux, de trois... de neuf dizaines d'uns, nommées successivement de noms à forme remémorative, entre lesquelles on intercale chaque fois les neuf premiers nombres, puis de cent..., deux cents etc..., de mille... etc ..., de millions... etc., avec les intercalations convenables ; en marquant que les nouveaux noms sont ceux de dizaines de dizaines, ou centaines, de dizaines de dizaines de dizaines ou de dizaines de centaines, ou milliers, et ainsi de suite. Il est superflu et même peu conforme aux règles d'une bonne logique, qui exigent que nous allions du connu à l'inconnu, d'embarrasser dès l'abord l'exposition des noms d'unités, d'ordres et de classes d'unités et surtout de parler d'unités de plus en plus fortes.

En parlant à l'enfant de la force d'une unité on plonge son esprit en plein mystère.

Il n'y a pas à dire davantage sur ce sujet. Tout autres seront les considérations que nous aurons à faire à propos de ce que l'on appelle justement la numération écrite. Mais il nous faut préalablement examiner une question qui nous acheminera vers cette étude.

4. Écriture diagrammatique et langage abstrait ou comment faut il entendre l'expression « faire abstraction des qualités particulières » ? — Il y a une nécessité logique qui reste

identique dans tous les cas où on aura à faire une répartition telle
que celle qu'a faite le distributeur de cartouches. Si l'on m'indique
un procédé pour prédire exactement dans un cas, je n'aurai qu'à
appliquer le même procédé dans chaque cas nouveau, quelles que
soient les données, où la prédiction reposera sur la même nécessité
logique. Je comprends que je puisse classer ces nécessités, dont le
nombre ne m'apparaît pas comme infini. J'ai bien classé les figures
géométriques : triangle, rectangle, etc., et certaines choses que
j'ai dites à propos du triangle sont dites une fois pour toutes à
propos de tous les triangles. De même ce que j'ai à dire à propos
d'une distribution, d'une répartition sera dit une fois pour toutes
les distributions.

Le mot distribution qui vient ici sous ma plume exprime *un
dessein*. Les mots : une part moyenne, pour désigner la quantité de
cartouches qui revient à chaque homme se présentent à mon esprit
et se représenteront chaque fois que j'aurai le même dessein de dis-
tribuer.

Un autre mot : *ajouter*, se présentera à mon esprit dans d'autres
circonstances, et quand j'aurai ajouté les uns aux autres un certain
nombre de pluriels (exprimant des quantités d'objets) j'aurai une
somme. Quand des contribuables versent leur quote-part à une
caisse publique, si la caisse était vide le matin, elle contiendra le
soir la somme de tous les versements de la journée Les mots part
moyenne, somme et d'autres du même genre que nous trouvons
dans la langue, expriment les idées qu'aura à analyser le mathématicien. Le géomètre a de même exercé sa sagacité sur des figures
observées ou imaginées.

Ces mots ont cela de particulier qu'ils sont employés à propos
d'occurrences comptées ou à compter. Cette marque leur est commune quelles que soient les occurrences. En outre, une somme est
une somme quelles que soient les occurrences que l'on a comptées,
et quels que soient les pluriels qui la composent

Le chef des tireurs aurait pu remplacer chaque homme par un
piquet fiché en terre, et former devant chaque piquet un tas de
cartouches ; il n'aurait pas calculé autrement qu'il ne l'a fait pour
trouver le nombre dont se compose une part. Ayant réfléchi à ce
caractère général de ces certains mots, reprenons un dénombrement en l'analysant au moyen de l'écriture.

Faisons quatre pas en disant un, deux, trois, quatre. Arrêtons-nous.

Si j'ai fait un pas et un pas et un pas et un pas, j'ai fait quatre pas. Mais que cela soit moi ou un autre qui ayons fait les pas, cela revient au même en tant que phénomène de progression, et j'adopte l'énoncé suivant : un pas et un pas et un pas et un pas, cela fait (ou font) quatre pas.

Si j'ai fait ces pas en me retournant après chaque pas, je n'aurai pas avancé. Si au contraire j'ai fait ces quatre pas en ligne droite, j'ai franchi *une* distance en faisant ces quatre pas. J'aurais pu n'en faire que trois ou en faire cinq et, pensant à la distance, je dirai que trois pas sont moins et cinq pas plus que quatre pas. De même, si au lieu de pas il s'agit de francs formant une recette, de pulsations en une minute me renseignant sur une fréquence, je dirai toujours qu'un certain nombre de francs est plus ou moins qu'un autre, une certaine fréquence plus grande ou moins grande qu'une autre.

Ce que j'ai dit des pas peut donc être dit de toutes les occurrences comptées. Je peux donc dire un et un et un et un font quatre uns ; et prenant pour occurrence type une quelconque de celles que je dénombre, celle de marquer un trait sur le papier, je dirai 1 et 1 et 1 et 1 = quatre uns, ou, supprimant le mot uns, 1 et 1 et 1 et 1 = quatre. Remplaçant le *et* par + que je lis plus et que j'appelle croix d'addition, j'aurai en écrivant le diagramme 1 + 1 + 1 + 1 la formule du dénombrement un par un.

Le 1 est non seulement une abréviation du mot un, il a, par abstraction, le sens de la plus petite part possible de tout ce qui peut former une quantité. Nous employons donc forcément un langage imagé quand nous parlons des nombres : nous disons d'un nombre, qu'il est plus petit ou plus grand qu'un autre. De même nous disons qu'un nombre est contenu dans un autre, qu'il sert à en former un autre, etc. Comme je peux parler d'uns sans faire suivre cet adjectif numérique d'aucun substantif, puisqu'il est devenu un substantif, en ce sens qu'il me fournit par abstraction la substance d'une pensée, je peux parler de grande quantité sans vouloir faire entendre rien de particulier qui soit petit ou grand. Autre est la question de savoir si quand je parle de grandeur tout court (et plus de nombres plus ou moins grands), je ne me repré-

senterai pas bon gré mal gré une surface ou un volume Quoi qu'il
en soit, un grand nombre, un petit nombre, sont des expressions
que chacun entend de la même façon. Elles appartiennent à un
langage abstrait qui se *superpose* à l'accomplissement de desseins
pratiquement réalisables. '

$$1 + 1 + 1 + 1 = \text{quatre} < \text{cinq},$$

un, plus un, plus un, plus un, égale quatre, est plus petit que
cinq, est une expression abstraite. C'est la plus simple et en
même temps l'origine de toutes les autres.

Je crois utile d'imposer un nom à toute écriture dans laquelle
entrent un ou plusieurs *nombres* (ou lettres mises à la place de
nombres) *et* un ou plusieurs *signes* identiques ou différents, et
m'arrête à celui de diagramme, qui permet le verbe diagrammatiser. Un lexicographe qui fait autorité définit, en effet, le mot « diagramme » de la façon suivante : « expression graphique des parties
d'un ensemble et de leurs rapports » (Hatzfeld), ce qui convient
bien au sens que je donne à ce mot en Arithmétique. $3 + 6 - 7$,
$\frac{3}{4}$, 3×4, $\sqrt{9}$, $\sqrt{40 + 9}$, sont des diagrammes; mais aussi 4^5,
car, manifestement, étiqueter 4 d'un petit 5 équivaut à écrire,
outre ces deux nombres et formant avec eux un ensemble, une
figure significative ou signe.

Nous avons successivement dépouillé notre phrase du début :
« si j'ai fait un pas... » de tout ce qui n'était pas général,
et sommes amenés ainsi à adopter un langage abstrait auquel
correspond une écriture que l'on peut qualifier de symbolique,
mais qu'il me paraît préférable d'appeler diagrammatique. Ce sont
des occurrences réelles qui nous ont fourni l'occasion de généraliser
logiquement. Nous disons deux et deux font quatre, parce que,
par exemple, nous avons fait deux pas et puis deux autres pas et
qu'en général un résultat nous apparaît comme obtenu par une
succession d'actes particuliers.

Remonter des propositions abstraites à des propositions du langage commun nous apparaîtra, dès lors, comme la réciproque de
l'abstraction. C'est un exercice recommandable. Remettons ou
mettons après les nombres qui répondent à une question combien,
formulée diagrammatiquement, un substantif qui fasse apparaître

le dessein de susciter des occurrences réelles. Nous nous ferons ainsi notre propre science, ce qui nous préparera à faire bon emploi de celle qu'on nous livre toute faite. Dans cet ordre d'idées, je signalerai un exercice qui me paraît être omis, à tort, dans l'enseignement : celui de faire rédiger à l'élève des énoncés de problèmes, au lieu de se borner à lui demander la solution de problèmes posés par d'autres.

4 Système de numération écrite. — L'emploi des premiers pluriels est très-commun dans la vie sociale. Il y avait là une raison pour les désigner par un seul caractère. Mais il y a plus. Les facilités que nous confère notre mémoire nous permettent de retenir des sommes de deux petits pluriels, et d'un grand et d'un petit. Nous apprenons à dire quatre et trois font sept sans passer par les intermédiaires quatre et un font cinq, puis cinq et un font six... etc. Nous ajoutons vite au nombre vingt six le nombre trois, puis à la somme le nombre quatre... etc. Comme les occasions de faire des sommes de pluriels sont fréquentes, il y avait avantage à ce que la lecture des pluriels fût rapide, et l'on a exprimé par un seul caractère assez de pluriels pour ne pas charger la mémoire. Le choix de ces pluriels et de ces caractères est abandonné à l'ingéniosité des inventeurs. L'arbitraire, la convention prennent ici tous les droits qu'ils n'ont jamais eus en matière de langage parlé. Un système de numération écrite peut être imposé par une autorité, de même que la loi fixe le système des poids et mesures.

Après avoir employé des caractères uniques pour représenter certains pluriels on pouvait se servir d'arrangements des mêmes caractères pour représenter tous les autres.

C'est ce qu'ont fait assez maladroitement les Romains dans leur ébauche de système.

Aujourd'hui, il est manifestement improbable que l'on trouve jamais mieux que notre numération avec zéro.

Ajouter au 1 et aux huit premiers caractères représentatifs des huit premiers pluriels, un nouveau caractère le o (dont rien dans le vocabulaire des noms de nombre ne pouvait donner l'idée), ce qui fait dix caractères, est une invention de génie. Toute l'ancienne analyse a ignoré le zéro. L'Algèbre est née chez le peuple qui a imaginé ce caractère et lui a donné son rôle. L'essor de l'analyse au xvi° siècle a coïncidé avec l'adoption de la numération a vc zéro, avec l'extension de l'emploi du zéro à des usages analytiques. Soyons le spectateur et l'auditeur auquel l'inventeur de notre numération écrite vient exposer son système.

Le but primitivement poursuivi est d'écrire des figures et des rangées de figures pouvant prendre place dans les lignes frontales que forme l'écriture courante et dont la lecture remplace celle des syllabes dont sont formés les noms de nombre. Nous verrons plus tard que ce premier but est largement dépassé par l'emploi du système avec zéro.

Prenons deux jeux d'un nombre quelconque de figures différentes. Soient, par exemple, dix figures ou caractères. Formons avec ces dix caractères différents des groupes différents de deux caractères en aussi grand nombre que possible. Pour être sûrs d'y parvenir nous écrivons le tableau suivant, dont tous les groupes sont supposés écrits, ainsi que ceux des autres tableaux.

Je forme une rangée sagittale de dix 0,

Tableau I

09	19	29	39						99
0	1								98
0.	1								
0.	1						76		
0.	1								
0.	1								
03	13								
02	12						72		92
01	11	2					71		91
00	10	20	30	40	50	60	70	80	90

une seconde rangée sagittale de dix 1, une troisième de dix 2... une dixième de dix 9.

A droite du premier 0, en commençant par en bas, j'écris un 0, à droite du second 0 j'écris un 1 ; à droite du troisième 0 un 2 et ainsi de suite jusqu'au dernier 0. Puis je reprends par en bas ma seconde rangée sagittale celle des 1 ; à droite du premier 1 j'écris 0, à droite du second 1 j'écris 1 ; à droite du troisième 2, et ainsi de suite. Quand nous aurons formé le dernier groupe de droite 99, nous aurons obtenu tous les groupes de deux caractères possibles avec dix caractères.

Transportons à présent la première rangée frontale (l'inférieure) *diminuée de son groupe* oo et portons-la au-dessus de la dernière frontale, en plaçant le 10 au-dessus du groupe 09. Nous obtenons ainsi le nouveau tableau suivant :

TABLEAU II

10	20	30	40	50	60	70	80	90	?
o9									99
o8								88	98
o7							77		97
o6						66			96
o5					55				95
o4				44					94
o3	13		33						93
o2	12	22							92
o1	11	21	31	41	51	61	71	81	91

On voit qu'il renferme (sauf le groupe oo) tous les mêmes groupes de deux caractères que le précédent. Effaçons à présent les o à gauche des caract'res de la première rangée sagittale, partons du 1 et en montant comptons un, deux, trois..., arrivés au haut de la première rangée sagittale nous dirons 10 ; repartons du bas de la seconde rangée sagittale nous dirons onze, douze...,jusqu'à vingt, redescendant à la troisième rangée, nous dirons vingt et un... et ainsi de suite jusqu'à quatre-vingt-dix-neuf.

Nous convenons que les neuf caractères uniques et les quatre-vingt-dix groupes de deux caractères sont les figures chiffrées des quatre-vingt-dix-neuf premiers noms de nombre, dans l'ordre dans lequel nous les avons lus.

Dans la dernière case en haut et à droite nous devons trouver la figure chiffrée de cent. Nous l'avons remplacée par ? En effet, quelle sera-t-elle ?

Pour le trouver, au lieu de deux jeux des dix caractères conventionnels que nous avons pris, prenons-en trois, et formons tous les groupes de trois caractères possibles. Comment nous y prendrons-nous ?

Revenons à notre tableau I et à la gauche de chacun des groupes de deux caractères de la première rangée sagittale, puis de la seconde... et ainsi de suite jusqu'à la dernière écrivons o; recommençant à la première rangée sagittale écrivons 1 à la gauche de chaque groupe. Recommençant, après avoir épuisé toutes les rangées, écrivons 2 à la gauche de chaque groupe; après 2, 3; et ainsi de suite jusqu'à 9. Nous avons ainsi obtenu tous les groupes de trois caractères possibles avec dix caractères, et nous avons le tableau (III) suivant.

Tableau III

```
009 019                  099 109      139 . . . . . 209 .  . . . 309   . 9
008                      098                       208                   9
007                      097                       207                   9
006                      096                       206                   9
005                      095                       205                   9
004                      094                       204                   9
003 013                  093                       203                   9
002 012                  092                       202                   9
001 011 021              091 101 111               201         301       9
000 010 020 030 040 050 060 070 080 090 100 110 120 130 . .  . . .200 . . . . 300 . . . 9
```

Faisons, à présent, le même transport que précédemment en supprimant la case ooo et plaçant la case o1o directement au-dessus de la case oo9. Nous obtenons le tableau IV suivant :

Tableau IV

```
010 020 030 040 050 060 070 080 090 100 110 120 . . . . . 200 . . . . . 300 . . . 090  ?
009                              089 099 100                                000
008
007
006
005
004              054                                        304
003
002     022
001 011 021 031 041 051 061 071 081 091 101 111  . . . . . . 201 . . 301 . . . 001
```

où nous observons que le groupe 100 est venu se placer au-dessus du groupe 099 Effaçons les 0 qui occupent la gauche d'un groupe. Les dix premières rangées sagittales du tableau IV redeviennent celles du tableau II, avec le 100 en plus à la place du point d'interrogation ; et nous continuerons à compter cent, puis au bas de la onzième rangée sagittale cent un, remontant cent-deux... et ainsi de suite jusqu'à neuf cent quatre-vingt-dix neuf. La dernière case vide renferme un ? Par quel groupe remplacerons-nous ce point d'interrogation ?

Pour le savoir nous prendrons quatre jeux des mêmes dix caractères. Notre premier groupe sera 0000, le suivant 0001 et ainsi de suite. Nous formons ainsi un V° tableau dont le dernier groupe sera 9999. Faisant le même retranchement du groupe 0000, le même transport de la première rangée frontale ainsi diminuée, au-dessus de la dernière, de manière que le groupe 0010 vienne se placer au-dessus du groupe 0009, nous obtenons un tableau VI, dans lequel le groupe 1000 vient se placer au-dessus du groupe 0999 Effaçons tous les zéros à la gauche des groupes, notre tableau VI reproduit exactement notre tableau IV, dans toute la partie qui comprend les cent premières rangées sagittales et a en plus le groupe 1000 que nous lisons mille, les groupes suivants énumérés donnent les nombres mille un, mille deux. . jusqu'à neuf mille neuf cent quatre-vingt dix-neuf qui correspond au groupe 9999. Au-dessus il y a une case vide qui sera occupée par le groupe 10000, si nous continuons à former de la même manière un VIII° tableau après en avoir formé un VII° comprenant tous les groupes possibles de cinq caractères formés avec les dix caractères convenus. Chaque groupe, que nous appelons à présent un nombre, représente la somme de tous les uns qui sont à sa gauche, plus ceux de la rangée sagittale dont il fait partie et qu'il termine à partir du bas :

$$300 = 290 + 10, \qquad 304 = 300 + 4.$$

Chaque rangée sagittale étant formée de 10 groupes (la première a 9 caractères simples et un groupe) représente les dizaines successives, 10, 20, 30,... 100... 1000... En lisant ces groupes nous énonçons tous les noms *nouveaux* autres que ceux des neuf premiers nombres, et nous voyons que ces noms n'exigent pas, pour être nommés, de nouvelle figure ; ils exigent seulement pour énoncer

dix, cent, mille, dix mille, cent mille, un million, ..., etc.
et tous les nombres intercalés entre ceux-ci, que nous prenions un
exemplaire de plus de chacun des dix caractères. Si le dernier caractère à droite est un o, c'est que le nombre écrit contient une somme
exacte de dizaines. Si le dernier caractère à droite est un chiffre, il
exprime un ou les pluriels inférieurs à dix ; le second chiffre à
gauche de celui-ci exprime le nombre de dizaines égal au nombre
d'uns qu'il exprimerait s'il était le dernier à droite, le troisième
chiffre à gauche exprime le nombre de centaines égal au nombre
d'uns qu'il exprimerait s'il était à l'extrême droite, ou, comme nous
le trouvons succinctement exprimé dans un auteur (Oltramare),
un chiffre placé à la gauche d'un autre ou d'un zéro vaut dix fois
plus que s'il était à la place de cet autre chiffre.

Quel est le sens du mot vaut ? Il signifie que le caractère (chiffre)
que l'on considère peut être mis dans le diagramme du dénombrement un à un, tel que nous l'avons défini, à la place d'un
nombre déterminé d'uns.

Nous aurions pu prendre tel autre nombre de caractères que
nous aurions voulu à la place de *dix*. Dans ce cas les rangées
sagittales de nos tableaux n'auraient plus été des rangées de dix
nombres, mais de deux,... de cinq... de douze .. d'un nombre
quelconque de nombres, et les chiffres écrits n'auraient rappelé en
rien l'énoncé syllabique des noms de nombre, que nous livre le
vocabulaire de ces noms. Cette remémoration des syllabes usuelles
dont l'ensemble forme un nom de nombre, au moyen de caractères,
s'imposait évidemment dans la pratique.

Les questions que nous sommes à même de résoudre à présent
sont les deux suivantes : Quand on énonce devant nous un nom de
nombre ou que nous le pensons, comment l'écrirons-nous en
chiffres ? Quand un nombre est écrit en chiffres comment le lirons-
nous ?

La première question revient à connaître le groupe particulier
de caractères qui répond au nom énoncé. Avons-nous besoin d'attendre que le nom soit énoncé en entier pour l'écrire ? En aucune
façon. Les noms de nombre les plus élevés que nous avons à prononcer ne dépassent pas neuf cent quatre vingt-dix-neuf ; après ce
plus grand nom de nombre, nous disons ......, millions ou mille
ou rien du tout. Nous écrirons donc sous la dictée supposée, par

exemple, vingt-quatre, immédiatement 24, puis nous attendrons ;
s'il ne vient rien nous avons fini ; s'il vient le mot mille ou millions, ou ... etc, nous attendons. Il peut ne rien venir du tout ou
un nouveau nom de nombre, soit 365. Nous l'écrivons. S il n'est
rien venu du tout, nous aurons à écrire, si le mot prononcé a été
mille, trois zéros à la suite de 24 ; si le mot prononcé a été millions, six zéros à la suite de 24. S'il ne vient rien après 365, nous
avons à écrire trois zéros. S'il vient quelque chose, ce ne peut être
qu'un nom de nombre, soit 237, après lequel il ne viendra plus
rien. Notre nombre se trouve écrit 24 365 237.

Le vocabulaire usuel nous livre donc des composés syllabiques
sans les substantifs tels que... millions, mille, pour des noms de
nombre que représentent au plus trois chiffres. C'est une manière d'accorder vocabulaire et écriture. Le partage en tranches,
en général, est seul impliqué dans la notion même d'une numération écrite avec zéro. Quand on énonce devant nous un nombre comme celui que je viens d'écrire auquel ne manque aucun
pluriel d'uns ou de dizaines, ou de centaines, ou de milliers... ou
de millions etc , on écrit le nombre sous la dictée sans se préoc-
cuper de la division du nombre en tranches. Celle-ci ne se présente que quand l'énoncé d'une centaine ou d'un pluriel de centaines, d'une dizaine ou d'un pluriel de dizaines, d'un ou d'un
pluriel d'uns, pluriels au plus égaux à 9, fait défaut. Alors la
connaissance du nombre de zéros à intercaler dans le nombre, ou
par lequel le nombre se termine est obtenue par le partage spontané en tranches de trois chiffres.

Il y a avantage à ne pas grossir intempestivement l'importance
de ce partage en tranches de trois chiffres, mais à noter sa valeur
verbale. On évite ainsi de parler d'ordres et de classes d'unités. Cette remarque n'est pas inutile. Qu'on veuille bien se
rappeler le mal qu'on a eu, étant enfant, à *désapprendre* ce partage
pour arriver à comprendre les dénominations usuelles des unités
de surface. On nous enseigne en effet que les unités de surface sont
le carré et ses multiples ou sous-multiples *carrés*. Dans l'expression suivante 7^{mq}, 12, l'enfant se demande alors ce qu'est le 1 après
la virgule. Ce sera, lui dit-on dans l'étude de la numération écrite,
une unité de l'ordre supérieur à celui des unités entendues par le
2 qui est à la droite du 1. Mais alors ce doit être un carré. Or, en

voyant cet ɪ nous nous représentons une *bande* de dix décimètres carrés. Ce n'est donc plus une unité de surface. Alors, qu'est-ce?

En regardant simplement le nombre donné comme un pluriel de décimètres carrés nous ne sommes plus inconséquents. Nous n'appelons plus unité dans un cas spécial autre chose que ce que nous avons appelé unité dans l'étude de la numération en général, puisque ce mot unité est réservé, et ne sera employé qu'avec son sens d'unité de grandeur, attesté par la virgule.

Nous nous sommes bornés à former systématiquement des groupes de caractères qui nous donnent la possibilité d'écrire commodément les noms de nombre et le résultat de cette écriture systématique nous a donné ce principe : un chiffre placé à la gauche d'un autre vaut dix fois plus que s'il était à la place de cet autre chiffre. Plus tard nous pourrons faire de nouvelles conventions qui nous permettront de nommer des résultats de dénombrements d'uns *particuliers* de noms appropriés, en nous servant de cette même écriture systématique. Mais à ce moment nous n'aurons rien d'insuffisamment démêlé au début à réapprendre à nouveau.

La seconde question : énoncer un nombre écrit en chiffres, exige la connaissance préalable (que nous a donnée la numération écrite) du nombre des caractères que comprend le groupe particulier dont on nous donne le nom. Quand ce nombre n'est pas suffisamment petit pour être vu d'un coup d'œil, il faut compter les caractères du nombre donné.

On sait que les millions par exemple sont des arrangements de dix caractères sept à sept, les dizaines de millions huit à huit, et on lira tout de suite 24 millions dans le nombre donné ci-dessus. Ici encore le partage en tranches n'est que tout à fait accessoire; et la preuve en est que nous aborderons ce nombre par la droite disant uns, dizaines, centaines..., dizaines de millions puis que nous commencerons notre énoncé 24 millions, sachant que le reste va de soi.

5. Que signifie le mot « opération »? — Nous avons vu que l'analyste imaginait des diagrammes. Dans ces diagrammes entrent des nombres (données numériques) et un ou plusieurs signes. Chacun de ces signes caractérise une des catégories en lesquelles l'analyste a rangé les questions « combien » dont la réponse peut être donnée par un procédé uniforme. Voici des diagrammes élémentaires :

$$1\,931 + 463 = \,?$$
$$389 \times 28 = \,?$$
$$10^3 = \,?$$

Dans ces exemples les résultats à mettre à la place des points d'interrogation sont toujours des sommes ; mais dans les deux derniers cas des sommes dont les parties ne sont pas quelconques, mais sont liées d'une certaine façon.

On peut supposer que l'on ait fait une fois pour toutes les dénombrements d'uns qui donnent les résultats demandés, et que l'on en ait formé des tableaux où se trouvent les données et à partir des données, suivant un certain chemin déterminé, les résultats. Ceux qui sont appelés à calculer seraient munis de ces tableaux. Il n'en va pas autrement quand un ingénieur emporte avec lui sa table de logarithmes.

Mais il peut aussi arriver que des penseurs mettent à la portée de chacun des procédés permettant de trouver facilement, quelles que soient les données, les résultats que l'on *trouverait* sur les tableaux, ou de trouver tous ces résultats au moyen de tableaux réduits à un petit nombre de données choisies.

Quand on applique ces procédés, on opère.

En fait, opérer c'est se servir de l'écriture des données en chiffres, pour écrire un à un d'autres chiffres (obtenus d'une certaine manière au moyen de ceux des données), chiffres dont la lecture d'ensemble donne la réponse particulière à une de ces questions combien qui rentrent dans l'une des catégories discernées par l'analyste.

Nous pouvons écrire nos diagrammes élémentaires de la façon suivante, qui implique de nouvelles réponses à la question combien :

$$2\,312 + \,? = 4\,895$$
$$4 \times \,? = 12$$
$$(?)^3 = 1\,000$$

Si nous avons des tableaux tout faits nous y trouverons les nombres 4 895, 12, et 1 000, à la place réservée aux résultats, et en suivant le chemin inverse de celui que nous avons suivi pour aller des données au résultat, nous irons d'un des résultats connus à la donnée que nous n'aurons qu'à copier et à mettre à la place du point d'interrogation.

Nous pourrons encore *essayer* tous les nombres en partant des plus petits, leur appliquer le procédé que nous avons appris à connaître pour former les sommes dont nous avons parlé à la page précédente, et recommencer jusqu'à ce que cette somme soit le nombre qui est à droite de =.

Enfin, des penseurs auront pu imaginer et nous livrer des procédés qui diminuent autant qu'il est possible le nombre des *essais* à faire, ou qui nous permettront même de trouver immédiatement et sans essai le nombre exact qui répond à la question. Ces procédés ont été inventés et l'Arithmétique les enseigne.

Les postes des diagrammes (nombres qui séparent les signes), les résultats des opérations que les signes remémorent deviennent eux-mêmes des objets d'étude. On nommera d'abord d'un nom particulier ces différents postes. Il pourra y avoir avantage à différencier certains résultats les uns des autres ; ainsi on appellera pairs tout les nombres qui sont les sommes de deux nombres égaux. De là toute une terminologie avec laquelle on aura à se familiariser au fur et à mesure qu'on avancera dans l'étude des cas divers qui peuvent se présenter quand on fait varier les postes des diagrammes.

Des suites définies d'opérations pourront être diagrammatisées à leur tour. Mais les opérations élémentaires sont en petit nombre. Les procédés employés pour faire ce petit nombre d'opérations semblent avoir atteint, grâce à la numération écrite avec zéro, un degré de simplicité qui ne saurait être dépassé. C'est ce dont on va juger.

—

CHAPITRE V

ADDITION OU ASSEMBLAGE ET SOUSTRACTION OU DISJONCTION AVEC COMPARAISON QUANTITATIVE

1. Addition de pluriels inégaux. — Les circonstances dans lesquelles les données d'un dénombrement un à un se présentent sous la forme de sommes partielles sont extrêmement variées. Il n'est pas interdit au logicien (dont sera avantageusement doublé le calculateur) de se demander, quelles sont les nécessités ou les opportunités qui, dans chaque cas, président à la formation de ces sommes partielles. A propos de chaque addition on pourra faire des réflexions faciles comme les suivantes dont un recensement de population pris comme exemple fournit l'occasion. Dans ce cas, nous remplaçons les rencontres successives d'*un* agent recenseur avec les recensés, rencontres qui auraient exigé trop de temps, par les rencontres simultanées (séparées du moins par de moindres intervalles) de *plusieurs* agents avec les recensés. Chaque recenseur fournira une somme partielle En ne négligeant pas cette courte analyse, on s'habituera à se demander qui assemble, qui réunit, et quelle est l'étendue et la qualité du lien qui met en faisceau les uns des sommes partielles et les sommes partielles pour en former un total.

Dans l'addition le diagramme du dénombrement prend la forme suivante. Nous avons

$$ 1 + 1 + 1 + 1 + 1 + 1 + 1 + 1 + 1 + 1 + 1 = 11 $$

Réunissant les contenus des parenthèses

$$ (1 + 1 + 1 + 1) + (1 + 1) + (1 + 1 + 1 + 1 + 1) $$

nous obtiendrions

$$4 + 2 + 5 = ?$$

c'est à-dire le diagramme de l'addition de pluriels inégaux

Les nombres qui sont à la suite des signes + sont quelconques.

Ils pourront être disposés dans un ordre quelconque. Nous pourrons en outre disjoindre d'un nombre un nombre quelconque, à condition de le replacer à une place quelconque dans l'ensemble d'uns à dénombrer. — Raisonnons sans la numération écrite. Comme l'ordre des nombres est indifférent, nous ne recompterons pas les uns du plus grand nombre (5 dans notre exemple) puis nous dirions $5 +$ un des uns de $4 = 6$; $6 +$ le second un de $4 = 7$. ce qui aboutit à $5 + 4 = 9$; continant : $9 +$ un des uns de $2 = 10$, $10 +$ le second un de $2 = 11$.

Mais, nous sentons qu'on peut apprendre par cœur $5 + 4 = 9$, etc., — des sommes de petits pluriels — et, en outre, des sommes d'un grand pluriel et d'un petit A cet effet, nous formons le tableau suivant :

		2	3	4	5	6	7	8	9	.	.	.	.
11													
10													
9													
8		10	.										
7		9	.										
6		8	.	.									
5		7	8	9	.								
4		6	7	8,	.	.							
3		5	6	7	8	9	.	.					
2		4	5	6	7	8	9	.	.	.	.		

Une première rangée frontale, et une première saggitale à gauche comprendront tous les nombres à partir de 2.

Considérons ces nombres comme des têtes de rangées et, à la rencontre de deux rangées, écrivons la somme des deux pluriels qui sont en tête.

Nous pouvons supposer ce tableau prolongé indéfiniment. En réalité, en vertu de la numération écrite, nous l'arrêterons au nombre

$$19 = 10 + 9.$$

Passant à la tête de rangée 11

$$11 + 2 = 13 = 10 + 1 + 2 = 13$$

nous donne le même dernier chiffre 3 que nous avait donné le dénombrement

$$2 + 1 = 3.$$

10 prend, dès lors, son sens de base.

En effet, la numération écrite nous fournit des nombres sous la forme $2543 + 369 + 27$.

$$= 2\,000 + 500 + 40 + 3 + 300 + 60 + 9 + 20 + 7.$$

Nous disjoignons de chacun des nombres donnés sous la forme connue le premier à partir de la droite et nous faisons l'addition de tous ces nombres disjoints ; puis nous en faisons autant des seconds à partir de la droite..., etc.

Je m'arrête. Mon but n'est pas de détailler l'addition. Il importait seulement de préciser le sens de l'opération usuelle ; ce qu'on fera en donnant de cette opération la description suivante :

L'addition usuelle se distingue du dénombrement un à un par l'application que l'on y fait des facilités fournies par les conventions de la numération écrite. Ces facilités se résument dans l'emploi d'un procédé qui nous enseigne à écrire les chiffres composant les sommes partielles données suivant une certaine consigne, à en faire un tableau. Ce tableau une fois formé, nous n'avons plus à faire que des additions de nombres tels que celui que l'on ajoute n'est jamais qu'un nombre d'un chiffre, puis à écrire de droite à gauche comme première rangée du tableau des caractères tels que la lecture du nombre formé par leur ensemble soit la somme totale cherchée. Si nous n'avions pas à notre disposition ce procédé,

basé sur la concordance verbale et graphique, nous ne pourrions
trouver directement la somme de 3, 4, 5, etc., nombres; mais
devrions chercher celle de 2 nombres, ajouter la somme à un
troisième, et ainsi de suite.

2 Du dénombrement rétrograde et de son diagramme. —
Faisons la convention suivante : l'ensemble — 1 (signe et caractère) mis après un pluriel $(n — 1)$ m'indique que le nom que je devrai donner au résultat à la droite de $= (n — 1 = ?)$ est celui du
nombre qui, dans un dénombrement un à un vient immédiatement avant le pluriel n écrit devant — 1. Cet ensemble se lit
moins un.

Continuons à écrire des ensembles — 1 les uns à la suite des
autres à la suite d'un pluriel 11 par exemple.

Après avoir écrit $11 — 1 = 10$, nous écrivons $11 — 1 — 1 = 9$,
$11 — 1 — 1 — 1 = 8$, etc. Comptons les uns précédés de leurs
signes et remplaçons-les par un pluriel précédé lui-même du
signe —, nous aurons

$$11 — 1 = 10, \quad 11 — 2 = 9, \quad 11 — 3 = 8, \ldots \quad 11 — 10 = 1.$$

Les nombres 10, 9, 8... 1 sont des restes successifs de 11, ou
encore ils expriment la différence qui résulte de la comparaison
quantitative entre 11 et 1, 11 et 2... etc.

Le nombre qui est de un plus petit que 11 est 10; celui qui est
de deux plus petit que 11 est 9, etc.

Dans tout dénombrement un à un nous savons d'avance que le
compte que nous faisons sera terminé quand une certaine coïncidence sera obtenue. Pendant que nous comptons nous faisons deux
parts simultanément variables un par un de la quantité que nous
sommes en train de compter. Soit un dénombrement qui nous ait
fait aboutir à 11. Supposons que nous recommencions à compter
la même quantité et que nous nous arrêtions à 7. Je peux donner
à la part restante le nom numérique qui lui convient. Je fais un à
un le dénombrement opposé à celui qui m'a amené à dire onze
après avoir dit sept, c'est-à-dire celui qui m'amènera à dire 7 après
avoir dit onze; et je dirai 11 moins un des uns de $7 = 10$, 11
moins le deuxième des uns de $7 = 9$... 11 moins le dernier des
uns de sept $= 4$. Je conclus le nombre qui est de 7 plus petit que

11 est 4 ; ou, ce qui reste de 11 quand on en a disjoint, soustrait, retranché 7 est 4.

Nous pouvons définir l'opération appelée soustraction : c'est une opération qui consiste à remplacer le diagramme $m - n$ par un seul nombre. m et n pour : des pluriels en général.

3 Ce qu'on entend par équation. — C'est ici et non plus tard qu'il faut parler de l'équation. En ne donnant point dès le début l'explication de ce mot on laisse croire que quand on commence à l'employer on fait quelque chose de non encore fait, ce qui n'est pas.

Quand, au paragraphe : que signifie le mot opération ? j'ai écrit $2312 + ? = 4895$, j'ai posé une équation. La traduction orale de cette égalité qui renferme un signe d'interrogation dans le diagramme mis en avant de $=$ est celle-ci : combien faut-il ajouter d'unes à 2312 pour avoir 4895. Réponse analytique : autant qu'en renferme le nombre qui est de 2312 plus petit que 4895. Or, dans le paragraphe précédent j'ai appris à diagrammatiser de la façon suivante 4895-2312 le nombre qui est de 2312 plus petit que 4895. J'écris donc $2312 + (4895 - 2312) = 4895$.

Le contenu de la parenthèse remplace le point d'interrogation. Je peux donc écrire : $? = 4895 - 2312$.

J'ai écrit au moyen de figures de convention sous la dictée d'un langage intérieur les propositions suivantes : le nom à donner au mot qui remplacera ? est déterminé par le nombre fixe d'occurrences dénominatrices qui se produisent entre le moment où en comptant je dis 2312 et le moment où je dis 4895 ; et ce nombre est le même que celui des occurrences qui se produisent entre le moment où je dis 4895 et celui où je dis 2312 en comptant rétrogradativement.

En posant l'équation, j'ai diagrammatisé une nécessité logique : celle qu'étant donnés deux nombres différents, un plus petit et un plus grand, il y a un nombre déterminé qu'il faut ajouter au plus petit pour arriver au plus grand ; en remplaçant ? par 4895-2312, j'ai exprimé la condition opératoire particulière à laquelle était soumise la découverte de ce nombre fixe.

Si je ne connaissais pas le mot soustraction, je dirais que pour trouver ? il faut compter à partir du plus petit nombre, et numénoter 1, 2, 3 les noms que l'on a à prononcer depuis le plus petit jusqu'au plus grand.

Connaissant ce mot soustraction, je dis : il faut soustraire le plus petit nombre du plus grand

Notre tableau indéfiniment prolongé nous donnerait immédiatement ce nombre cherché Le plus petit nombre se trouve à son rang dans l'une des rangées bordantes frontales ou saggitales En suivant cette rangée frontalement si le petit nombre est pris dans la bordante sagittale, sagittalement si ce plus petit nombre est dans la bordante frontale, nous arrivons au plus grand nombre Tournons à ce moment d'un angle droit, comme pour regarder la rangée bordante, et suivons la branche de l'angle droit que nous n'avons pas suivie : le nombre que nous trouvons au bord du tableau est le nombre cherché Il est celui qu'il faut ajouter au plus petit pour obtenir le plus grand ou, ce qui est identique, celui qu'il faut retrancher du plus grand pour obtenir le plus petit

L'écriture de la question sous forme d'une équation nous fait saisir cette identité logique.   •

4 Soustraction de pluriels de plusieurs chiffres — Mais notre tableau n'est pas prolongé indéfiniment ; ou, ce qui revient au même, notre mémoire ne nous permet de retenir qu'une petite quantité des noms de nombre uniques par lesquels on remplace les diagrammes $m - n$ C'est ici qu'intervient l'ingéniosité des penseurs Le système de numération écrite nous permet de trouver $m - n$, quels que soient ces nombres, par des soustractions partielles dont le résultat n'a qu'un chiffre ; ces résultats partiels sont écrits de droite à gauche et leur lecture d'ensemble est le nombre cherché.

Voici le détail d'une soustraction

$$3\,645 - 2\,707 = ?$$
$$3\,000 + 600 + 40 + 5 - (2\,000 + 700 + 0 + 7) = ?$$
$$2\,000 + 1\,600 + 30 + 15 - 2\,000 - 700 - 0 - 7 = ?$$
$$2\,000 - 2\,000 + 1\,600 - 700 + 30 - 0 + 15 - 7 = ?$$
$$900 + 30 + 8 = 938$$

L'opération que nous venons de détailler sera, si on l'effectue, accompagnée d'un langage intérieur ou exprimé qui ne pourra pas ne pas être à peu près celui-ci : 7 de 15 reste 8, 0 de 3 reste 3 .

Soit à présent l'exemple suivant : 324-234

Nous commencerons en disant 4 de 4 reste .. ? Que dirons-nous ? Le bon sens nous dit : rien. Notre convention de la numération écrite nous fait remplacer ce mot « rien » par celui ci « zéro » et nous écrivons o. En effet, l'opération que nous faisons nous oblige à écrire sous les deux chiffres 4 un troisième chiffre qui, ajouté au plus petit, donne une somme égale au plus grand Mais ici les deux nombres sont égaux.

L'addition de deux nombres l'un et l'autre plus petits que 324, dont l un se termine par un 4 comme 324, ne pourra nous donner un résultat exact que si le nombre cherché se termine par un zéro Nous écrivons ce zéro. Si deux chiffres identiques se trouvent dans le corps des deux nombres nous écrirons le même o à la place convenable.

5 Du zéro isolé et des transformations diagrammatiques de part et d'autre du signe =. — Recueillons cette locution 4 de 4 reste o et reprenons notre suite d'égalités

$$4 - 1 = 3$$
$$4 - 2 = 2$$
$$4 - 3 = 1$$
$$4 - 4 = ?$$

Au lieu de ne rien écrire à la place du point d'interrogation nous pourrons écrire o.

Ce mode d'écriture nous fournit un nouveau moyen d'exprimer l'égalité de deux nombres :

$$2 + 2 = 4 \qquad \text{ou} \qquad 2 + 2 - 4 = 0$$

Mais il y a plus Nous pouvons écrire indifféremment

$$4 = 4 \qquad \text{ou} \qquad 4 - 4 = 0 \qquad \text{ou} \qquad 4 = 0 + 4$$

Ce dernier mode d'écriture nous amène à remarquer que, sans changer ce qu'on affirme, c'est-à-dire l'égalité de ce qui est écrit de part et d'autre de = on peut écrire à droite de = un nombre qui était écrit à gauche à condition de changer son signe.

Développons 4 — 4 de la façon suivante

$$4 - 1 - 1 - 1 - 1,$$

écrivons que ce diagramme — o Si nous effaçons un des ensembles — 1 à la suite de 4 nous aurons

$$4 - 1 - 1 - 1 = 0 + 1 ;$$

effaçons en deux, trois, quatre, nous aurons

$$4 - 1 - 1 - 0 + 1 + 1 = 0 + 2$$
$$4 - 1 \quad = 0 + 1 + 1 + 1 = 0 + 3$$
$$4 \quad - 0 + 1 + 1 + 1 + 1 = 0 + 4 = 0 + 3 + 1.$$

Ce qui nous permet de faire ces transformations c'est qu'elles ne sont que la traduction diagrammatique de cette proposition évidente par elle même ‧ que deux quantités égales restent égales quand on les augmente ou qu'on les diminue d'une même quantité

Étendant ces transformations à des nombres quelconques nous transformerions ces propositions

$$4 - 1 = 3$$

permet d'écrire

$$4 = 3 + 1, \qquad 20 - 13 = 7$$

permet d'écrire

$$20 = 13 + 7, \text{ etc.,}$$

en celle ci : on peut isoler un des postes d'un diagramme, composé de nombres séparés par des signes + et des signes —, en faisant passer tous les nombres autres que celui que l'on veut isoler de l'autre côté du signe =, à condition de changer les signes + en signes — et les signes — en signes + Le premier nombre sans signe peut toujours être supposé précédé de l'ensemble o +.

Réfléchissons à ce que nous avons fait. Nous avons commencé par dire que — 1 mis après un nombre indiquait le nom du nombre qui, dans un dénombrement un à un, vient immédiatement avant le pluriel écrit devant — 1 ; mais nous ne sommes pas restés fidèles à cette convention. En écrivant 1 — 1 = o, nous la dépassons, puisque ce mode d'écriture nous fait dire que le nom qui, dans un dénombrement, vient avant 1 est zéro. Or, on ne compte pas naturellement zéro, un, deux,..., mais un, deux, trois.

Le zéro tel que nous avons appris à le connaître par la numération écrite n'est qu'un caractère d'écriture, qui oblige à appeler dix l'ensemble 10 qui sous nos yeux n'apparaît que comme un un suivi d'un zéro. En l'employant isolé, je fais un pas dans l'inconnu si je ne me rends pas compte du sens dans lequel ce pas va m'orienter. Or, voici ce que l'on peut dire à ce propos. En regardant notre diagramme 0 + 1 + 1 + 1, le zéro mis en tête nous apparaît comme la *borne* d'où l'on part en ligne droite pour avancer, le bout d'une règle placé à l'endroit d'où l'on part pour mesurer une longueur. Grâce à lui nous verrons dorénavant dans les nombres les étapes repérées d'une progression en ligne droite, car nous numéroterons nos signes + de la façon suivante

$$1 \quad 2 \quad \mathbf{3}$$
$$0 + 1 + 1 + \dots$$

Nous ne séparerons plus guère la représentation des nombres de cette image. A condition de ne pas oublier cette suggestion subreptice, à l'occasion de l'emploi de nos diagrammes, nous pouvons avec avantage entrer à pleine voile dans cette prestigieuse imagerie de l'analyse mathématique. Mais n'oublions jamais que cette borne, qu'est le rien figuré a été posée par quelqu'un, qu'elle remplace ce quelqu'un, qu'en outre elle est posée quelque part.

La première conséquence qui résulte de cette représentation, c'est que le un, qui avait été considéré jusqu'à présent comme la plus petite part d'un dénombrement, prend le sens d'une portion du plus court chemin pour aller d'un point à un autre, c'est-à-dire d'une portion de droite. On s'habituera sans étonnement à prononcer des phrases telles que celles-ci : la différence est 0 ; puis plus tard, celle-ci, par exemple, la combe est une droite.

Il est bon de rappeler que de semblables propositions n'auraient jamais pu être énoncées avant Descartes, et de donner la date à laquelle notre logique s'est pliée sans résistance à ces habitudes de langage.

6 De la parenthèse ; les transformations diagrammatiques adjuvantes du raisonnement. — Saisissons au passage

une autre transformation diagrammatique que nous avons faite en
détaillant la soustraction de pluriels figurés par plusieurs caractères.

Nous avons écrit d'abord 7 nombres un o et 6 signes + un
signe — et une parenthèse; à la ligne suivante nous avons écrit
7 nombres, dont 4 différents des premiers, un zéro, 3 signes +
quatre signes — et point de parenthèse; à la ligne suivante nous
avons changé l'ordre des nombres et du o, et celui des signes;
enfin nous avons réduit notre diagramme à trois nombres et deux
signes avant d'écrire la réponse

Retenons de ces transformations celle que nous avons faite en
effaçant la parenthèse Nous avons remplacé par des signes — les
signes + qui précédaient les nombres et le o contenu dans la parenthèse et l'on voit, sans qu'il soit nécessaire d'insister, pourquoi
on l'a fait.

Si, partant de la seconde ligne, on nous avait demandé quels étaient
énoncés d'*un* nom de nombre les nombres sur lesquels devait
porter notre soustraction, nous aurions récrit la première ligne en
changeant en + tous les signes — et groupé dans une parenthèse précédée du signe — tous ces nombres qui étaient précédés du signe — et que pour répondre nous avons fait à présent
précéder du signe +.

La parenthèse nous permet d'isoler, pour en faire un compte
spécial, une partie d'un diagramme Grâce à elle, nous pouvons
former dans un diagramme un groupe des nombres dont l'origine
analytique ne doit pas être ignorée, jusqu'à ce qu'on arrive à la fin
analytique poursuivie. Son emploi a été nécessaire à l'essor de
l'analyse Comme toujours il a fallu quelqu'un qui ait eu la bonne
idée de cet emploi C'est, dit-on, un géomètre hollandais, Albert
Girard, qui dans un livre intitulé . *Invention nouvelle en Algèbre*,
in-4°, 1629, l'a introduite dans la science Nous imaginons diffi-
cilement, aujourd'hui, comment l'on pourrait s'en passer

Outre l'exemple fourni par le détail d'une soustraction tel que
nous l'avons présenté, détail que l'on ne saisit bien que grâce à
la parenthèse, rappelons que, sans être indispensable, la parenthèse
nous a été utile quand nous avons voulu trouver la solution de
l équation $2312 + ? = 4895$.

Un raisonnement nous a démontré que $(4895 — 2912)$ était
bien le nombre qui répondait à la question combien ici posée En

les réunissant dans une parenthèse à la suite de 2 312, le fait que le contenu de cette parenthèse doit remplacer ? pour que la question soit résolue saute aux yeux.

Nous avons trouvé la réponse à la question 2 312 + ? 4 895 en nous demandant ce qu'il fallait que soit le nombre qui répond à ? Nous nous sommes dit que ce dont 4 895 était plus grand que 2 312 était égal à ce dont 2 312 était plus petit que 4 895, et par conséquent était bien ce qu'il fallait ajouter à 2 312 pour que la somme de ce nombre et du nombre cherché soit égale à 4 895.

Nous avons pu faire ce raisonnement, sans donner à notre écriture la forme d'une équation.

Mais nous pouvons encore nous servir de ce que nous venons d'apprendre et isoler ? en faisant passer 2 312 changé de signe d'autre part du signe =. Ce qui donne immédiatement

$$? = 4\,895 - 2\,312.$$

Cette façon de faire est à proprement parler ce qu'on entend par résolution de l'équation proposée.

Il y a encore une autre manière

Puisque, quand le problème sera résolu, 2 312 + ? sera égal à 4 895 nous pouvons écrire

$$(2\,312 + ?) - 4\,895 = 0.$$

Ces deux quantités : le contenu de la parenthèse et 4 895 étant égales, nous pouvons mettre indifféremment l'une ou l'autre en avant du signe —. Nous avons donc

$$4\,895 - (2\,312 + ?) = 0,$$

supprimons la parenthèse, nous obtenons

$$4\,895 - 2\,312 - ? = 0$$

Mettons les 2 premiers nombres entre les crochets d'une parenthèse. Nous avons

$$(4\,895 - 2\,312) - ? = 0,$$

ce qui ne peut être que si le contenu de la parenthèse et ? sont des nombres égaux. Nous avons donc

$$? = 4\,895 - 2\,312.$$

Si l'on compare ces trois manières de trouver la valeur de P on s'apercevra que la première nous laisse une impression de satisfaction que ne nous donnent pas au même degré les deux dernières. Nous sentons que les facilités qui dérivent des transformations de signes dans les diagrammes sont de nature à tendre des embûches à des esprits paresseux.

En employant le premier procédé, j'ai pensé à ce qu'il fallait que soit la réponse pour remplir la condition posée. Dans les deux dernières j'ai pu me dispenser de réfléchir. Je suis arrivé à la solution par une sorte d'escamotage du raisonnement. J'ai *littéralement* appliqué une règle qui m'a donné la réponse à l'aide d'une simple lecture. Discernons, pour nous en méfier, chaque fois que l'occasion s'en présente, la part d'automatisme conditionné par l'usage d'acquisitions livrées par d'autres, qui nous dispense d'exercer notre propre activité analytique.

7 Extension des transformations diagrammatiques Nombres négatifs — On ne saurait, sans injustice, dédaigner le rôle que joue dans l'étude de la nature une certaine fantaisie curieuse. Elle suggère au chercheur des combinaisons, des essais de représentation dont il sort souvent quelque chose. On peut admettre que l'usage des nombres négatifs dû, je crois, à Descartes, soit une de ces heureuses trouvailles.

Ce que nous venons d'apprendre nous conduit à observer que lorsqu'un diagramme composé de nombres séparés par des signes + et — se trouve d'un côté du signe — et que de l'autre se trouve un o, les opérations indiquées par les signes seront différentes mais vérifieront identiquement l'égalité si l'on change tous les signes + en — et tous les signes — en +, $11 - 7 + ? = 0$ peut être remplacé par $- 11 + 7 - ? = 0$ Nous sommes amenés ainsi à qualifier un nombre en prévision du rôle qu'on lui fera remplir dans un diagramme.

Or, l'ensemble des nombres apparaît à l'analyste comme un réservoir où il puisera les réponses aux questions combien, qui lui sont posées. Il sait la place où se trouve dans la série des nombres celui dont il a besoin. S'il a besoin d'un nombre —P pour répondre, où trouvera-t-il ce nombre dans la liste des nombres ? Nous venons de voir que le 1 se trouverait d'un côté de la borne o, et le second 1 du même côté de la borne que le premier 1, et ainsi de suite de tous les autres nombres.

Rappelons la façon dont nous sommes arrivés à cette notion. La convention faite sur le sens de — 1, écrit à la suite d'un nombre, nous a amené à écrire :

$$4 - 1 = 3$$
$$4 - 2 = 2$$
$$4 - 3 = 1$$

puis par extension :

$$4 - 4 = 0$$

Ecrivons à présent à la suite d'un pluriel quelconque, 4 par exemple, l'ensemble — 1 plus de fois qu'il n'y a de uns de 0 à 4 inclusivement.

$$4 \overset{1}{-} 1 \overset{2}{-} 1 \overset{3}{-} 1 \overset{4}{-} 1 \overset{5}{-} 1 \overset{6}{-} 1 \overset{7}{-} 1 = ?$$

Reconcevons-nous à écrire un caractère ou un ensemble de carac-tères et de signes à la place du point d'interrogation? Sinon, que pourrions-nous utilement écrire?

Après le quatrième — 1 nous aurions eu à écrire — 0.

Nous suivions donc exactement les indications de notre dia-gramme en écrivant 4 — 4 — (3 fois l'ensemble — 1)   0 — 3.

Nous avons ainsi un diagramme 0 — 3 qui ne prête à aucune espèce d'ambiguïté Il ne ressemble à rien de ce que nous avons eu à écrire jusqu'à présent Mais écrire 0 u ne pas écrire le 0 est indifférent puisque je n'en tiendrai pas compte dans le dénombre-ment un à un que je dois toujours supposer qu'un diagramme suivi de =, puis de 0, d'un ou d'un pluriel doit vérifier

Reprenant notre tableau de la page 83, reproduit ci-dessus, nous le continuerons de la façon suivante pour répondre à la ques-tion représentée par le point d'interrogation :

$$4 - 1 = 3$$
$$4 - 2 = 2$$
$$4 - 3 = 1$$
$$4 - 4 = 0$$
$$4 - 5 = -1$$
$$4 - 6 = -2$$
$$4 - 7 = -3$$
$$4 - 8 = -4$$

Appliquant à ces égalités la règle du passage d'un côté à l'autre du signe = avec changement des signes, nous avons les nouvelles égalités suivantes :

$4 - 3 + 1$	ou	$4 = 1 + 3$
$4 = 2 + 2$		$4 = 2 + 2$
$4 = 1 + 3$		$4 = 3 + 1$
$4 = 4 + 0$		$4 = 4 + 0$
$4 \quad - 1 + 5$		$4 = 5 + (- 1)$ en faisant l'usage
$4 = - 2 + 6$		$4 = 6 + (- 2)$ ici indispensable
. . . . . .		$4 = 7 + (- 3)$ de la parenthèse

Au lieu de prendre 4 on peut prendre un nombre aussi élevé qu'on veut, et la rangée sagittale des nombres qui sont à la droite des signes + dans notre second tableau devient alors

$$..., - 3, - 2, - 1, 0, 1, 2, 3, 4, 5..$$

L'analogie des nombres avec les étapes repérées d'une progression sur une droite se complète par la notion du sens dans lequel a lieu la progression ; le point 0 est celui où l'on change de direction ; en allant de gauche à droite, par convention, on suivra une direction positive, en allant de droite à gauche une direction négative.

Toutes occurrences susceptibles d'être suivies d'autres occurrences qui annulent les effets des premières sont justiciables de l'emploi des nombres qualifiés négatifs

En voici un exemple Un caissier fait des encaissements et des versements. Au moment où il ouvre son guichet, il ignore le contenu de sa caisse. Qu'importe? Il fonctionnera aussi longtemps qu'il y trouvera de quoi. S'il verse 100 francs, il inscrira — 100 sur son livre S'il encaisse 40 francs, il écrira + 40 ou fera deux rangées, l'une dont chaque nombre est censé précédé du signe +, l'autre dont chaque nombre est censé précédé du signe — Son guichet fermé, il va résoudre la question qu'avais-je dans ma caisse en l'ouvrant? La somme des versements est — 5830 ; celle des encaissements + 4925. Ce que je trouve dans ma caisse, à présent est 9095 francs D'autre part

$$- 5830 + 4925 = - 905.$$

Il raisonne alors ainsi : *Il est évident* que puisque j'ai versé plus que je n'ai encaissé, la somme trouvée dans ma caisse est plus petite que celle qui y était à l'ouverture ; et elle est plus petite précisément de la somme dont le total des versements dépasse celui des encaissements ; donc, en ajoutant cette somme à ce que je trouve dans la caisse, je retrouve le nombre de francs qu'il y avait en caisse au début.

Mais la représentation des étapes répétées d'une progression le long d'une droite peut aussi nous servir :

$$? $$

$$ — 905 \ldots — 3 — 2 — 1 — 0 + 1 + 2 \quad . + 9095 $$

qui se diagrammatise ainsi :

$$— 905 + ? = 9095 \qquad \text{d'ou} \qquad ? = 9095 + 905 = 10000$$

En partant du repère — 905 et parcourant la distance cherchée, je dois m'arrêter au repère + 9095. Si donc, j'étais parti du repère o, j'aurais eu, pour franchir la même distance, à m'arrêter au repère 9095 + 905 — 10000.

Cet exemple nous met en présence de diagrammes obtenus par l'écriture à la suite les uns des autres de signes + ou — et de nombres · + 3 — 7 + 8 — 1 + 35 + 0 + 4 + 1 est un semblable diagramme Il y a lieu, dès lors, de désigner par un terme générique les deux signes + et — Ils formeront à eux deux la catégorie des signes de césure, et l'on aura à distinguer le signe de césure progressive et le signe de césure rétrograde Quant au diagramme lui-même, quels que soient les signes qu'on y rencontre, on l'appellera un polynome (de πολύς, beaucoup et νομός, subdivision)

L'addition ou assemblage de nombres telle que nous l'avons étudiée, est susceptible d'une interprétation plus générale que celle que nous avons eue d'elle jusqu'ici Etant donnés des nombres *quelconques* pris dans le catalogue des nombres *positifs et négatifs*, trouver le nom et la figure numérique du nombre unique par lequel on peut les remplacer. Ce sera donc, effectuées, les opérations indiquées par l'écriture d'un polynome. La soustraction ou disjonction sera également interprétée d'une manière plus générale nous

avons vu que quand on s'imposait l'opération appelée soustraction
c'est que, connaissant deux nombres différents, on recherchait ce
qu'il faut ajouter au plus petit pour obtenir le plus grand. Remplaçant le mot nombre par le mot polynome et le mot plus grand
et plus petit par le mot premier et second, on dira que, connaissant
un premier et un second polynome, on en cherche un troisième
qui soit ce qu'il faut ajouter au second pour retrouver le premier.
Comme un polynome peut toujours être supposé remplacé par sa
valeur, sous forme d'un nombre unique, nous aurons, toutes opérations effectuées, à chercher à quoi sont égales les écritures suivantes, où n est une quantité quelconque :

$$n + (+ 5) = ?$$
$$n + (- 5) = ?$$
$$n - (+ 5) = ?$$
$$n - (- 5) = ?$$

La première est égale à $n + 5$;
La seconde   » $n - 5$;
La troisième   » $n - 5$ parce que $n - 5$ ajouté à

$$+ 5 - 5 + n - 5 - n ;$$

La quatrième est égale à $n + 5$ parce que $n + 5$ ajouté à

$$- 5 - - 5 + n + 5 = n.$$

Donc, quand une parenthèse sera précédée du signe + je peux
supprimer ce signe, supprimer la parenthèse et écrire dans l'ordre
que je voudrai chaque poste que j'y trouve avec son signe

Quand une parenthèse est précédée du signe — je peux supprimer ce signe, supprimer la parenthèse et écrire dans l'ordre que
je voudrai chaque poste que j'y trouverai avec un signe — si dans
la parenthèse il était précédé d'un signe +, avec un signe + si
dans la parenthèse il était précédé du signe —

8. Conditions générales de la position d'un problème —
On se pose un problème quand la question combien porte sur un
dénombrement d'occurrences dont la quantité particulière est con-

ditionnée par les résultats connus qu'ont donnés *deux* dénombrements d'occurrences Si, au lieu d'*une* question combien, on en pose deux ou plusieurs, il faudra *connaître* préalablement les résultats de plus de deux dénombrements d'occurrences.

On considère donc dans un problème trois quantités au moins comme variables. Deux quelconques d'entre elles étant déterminées, la troisième l'est également

Ce qui permet de parler de détermination c'est qu'en accomplissant un dessein et en accompagnant de dénombrements l'accomplissement de ce dessein, la consigne suivie pendant qu'il s'accomplit (et que je dénombre) reste fixe ; ou encore que les occurrences phénoménales faisant l'objet de trois dénombrements (dont l'un sur trois aboutit à un résultat déterminé par les résultats qu'ont donnés les deux autres) s'accomplissent comme si un dessein à consigne fixe présidait à leur accomplissement.

Je me suis posé un problème à la fin du paragraphe précédent. Le caissier a compté à la *fermeture* du guichet combien il avait d'argent en caisse (1er dénombrement) Il s'est servi de l'écriture et du calcul pour savoir combien il avait versé de francs de plus qu'il n'en avait encaissé, opérations remplaçant le 2e dénombrement

La troisième quantité (ce qu'il y avait en caisse avant l'ouverture du guichet) pouvait avoir toutes les valeurs à partir du minimum 905 ; mais elle remplit la condition que, diminuée de ce que le caissier a versé, elle est devenue égale à ce qui reste en caisse .

Le problème est posé — Pour le *résoudre*, je fais presque sans réflexion la remarque que si, diminuée de ce que le caissier a versé, la somme est devenue égale à ce qui reste en caisse, c'est que cette somme était égale à ce qui reste, augmenté de ce dont les versements ont dépassé les encaissements.

Mais n'oublions pas que les versements et les encaissements se sont faits suivant une consigne fixe. Si au lieu d'une caisse contenant 10 000 francs, le caissier en avait eu deux, qu'il eut puisé *au hasard* tantôt dans l'une, tantôt dans l'autre, il n'aurait pu retrouver ce que contenait chacune des deux caisses prise séparément. Ou encore si quelqu'autre personne que le caissier avait puisé dans la caisse pendant le cours des opérations sans inscrire ce qu'elle faisait, la position du problème devenait impossible.

Ces dernières réflexions paraissent superflues et même puériles. Ne va-t-il pas de soi que si je sais qu'une autre personne puise dans la même caisse que moi, je ne me donnerai plus la peine de rien compter, sachant d'avance que tous mes comptes ne me serviront de rien ? Il n'est pas puéril d'engager à ne pas perdre de vue la conclusion : il faut donc que je sache quelque chose d'avance pour que je me donne la peine de faire des dénombrements. Cette prévision n'est possible que si au moyen de mon imagination je me donne une figure de ce qui existe dans le monde sensible au moment où je commence à compter, des changements qui se produisent dans cette figure pendant que je compte, et de ce qu'elle est devenue au moment où, un certain dessein accompli, je cesse de compter.

9 Analyse d'un problème. — Nous venons d'apprendre ce que c'est qu'une somme, ce que c'est qu'une différence. Sommes-nous en mesure de résoudre la question suivante : quels sont les deux nombres dont la somme est 13 et la différence 3 ? Mettons-nous dans l'état d'esprit de celui à qui cette question est posée. C'est, à proprement parler, une devinette qui sent l'école. Une question ne se présente pas sous cette forme dans la vie réelle. Ainsi posée elle suppose un maître et un élève. Le premier se propose d'exercer la faculté de raisonner du second. Le second croit deviner qu'on lui en a appris assez pour qu'avec de la réflexion, il arrive à la solution. C'est un acte de foi.

Si la question suivante avait été posée : « le procès-verbal d'une Assemblée délibérante composée de 13 membres, qui ont tous pris part à un vote, porte qu'une motion a été adoptée à la majorité de 3 voix ; on demande combien il y a eu de oui et combien de non déposés dans l'urne », l'acte de foi serait remplacé par le sentiment que les données sont suffisantes pour arriver à la solution. Nous avons une sorte de prévision sentimentale qui nous incite à entreprendre la recherche en question. Cette prévision sentimentale repose sur la représentation que je me fais des actes qu'a accomplis avec un dessein déterminé la personne qui a dépouillé le scrutin, puis énoncé la proposition qui donne le résultat de ce dépouillement. Je la vois faisant une rangée de tous les oui, une rangée parallèle (et bulletin à bulletin) de tous les non, puis constatant que la rangée des oui dépasse de trois bulletins la rangée des non, et proclamant le résultat. Pour en arriver là, je sais que le scrutateur aurait pu tout aussi bien compter les bulletins de chacune des deux rangées et proclamer les deux nombres ainsi obtenus.

Je vais à présent soumettre cet acte de foi ou cette prévision à l'épreuve d'une vérification. A défaut d'autre idée, je dirai : si le plus petit nombre est 1, le plus grand est 4, leur somme n'est pas 13, si le plus petit est 2, le plus grand est 5, leur somme n'est pas 13, et je continuerai ainsi jusqu'à ce que je dise : si le plus petit est 5 le plus grand est 8, 5 et 8 = 13. Les deux réponses sont 5 et 8

J'aurais pu commencer ma recherche par celle du plus grand nombre et dire : le plus grand ne peut être plus grand que $13 - 3 = 10$, puisque s'il était 11 les deux nombres ne différeraient que de 2.

Je commence mes essais : $13 - 3 = 10$, si le plus grand est 10 le plus petit est $10 - 3 = 7$, or $7 + 10 = 17$. , etc . jusqu'à ce que j'arrive au résultat.

J'aurais pu dire encore

$$13 = 1 + 12, \text{ la différence est } 11,$$
$$13 = 2 + 11, \qquad » \qquad 9,$$

et ainsi de suite, jusqu'à ce que je sois arrivé au résultat 3.

Vais-je faire à présent l'observation que 10, ou la somme 13 diminuée de la différence 3, est égale à $5 + 5$, c'est-à-dire à deux fois le plus petit? C'est possible; ce n'est pas sûr. En tout cas, aussi longtemps que je n'aurai pas fait cette réflexion, j'éprouverai une sorte de malaise, qui tiendra à ce que je n'ai pas trouvé de règle générale pour résoudre tous les problèmes identiques à celui-ci, quelles que soient les données ; je n'ai pas su démêler la dépendance logique entre les quantités données et les quantités cherchées, et c'est au fond de cela seul qu'il s'agit

Le graphisme tabellaire de la page 78 va nous aider à trouver cette dépendance logique, autrement dit le raisonnement à faire.

Reproduisons-le en lui donnant la forme un peu différente ci-dessous ; et bornons-nous à quelques postes numériques, admettant que l'inscription de ces postes numériques peut être prolongée indéfiniment

```
      5     6     6     6     5
         4     5     5     4
            3     4     3
               2     2
      ─────────────────────────
         3   2   1   0   1   2   3
```

Nous écrivons au pied du tableau une rangée frontale de nombres dont nous allons donner le sens dans un instant Si je prolongeais le tableau suffisamment je trouverais une rangée frontale commençant et finissant par 12 et ayant comme postes intermédiaires 13 Parmi ces 13, je vise et marque d'un astérisque celui obtenu par l'addition des nombres 8 et 5. Je détache du tableau, que j'imagine étendu indéfiniment, la partie ci-dessous :

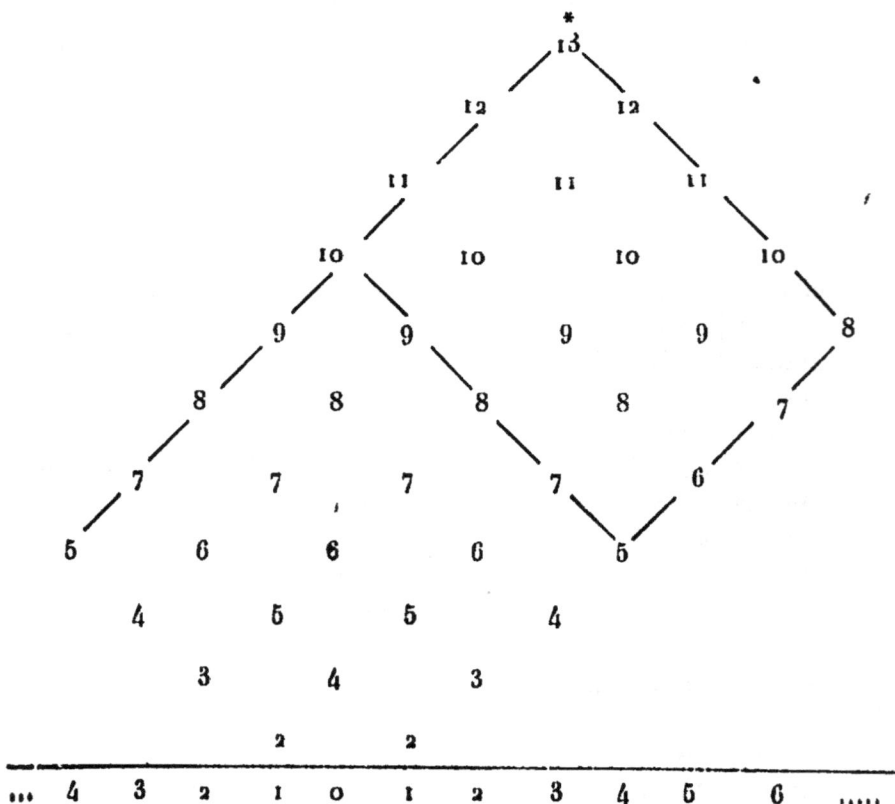

```
                           *
                          13
                      12      12
                  11      11      11
              10      10      10      10
            9      9      9      9      8
          8     8     8     8     7
        7     7     7     7     6
      5     6     6     6     5
        4     5     5     4
          3     4     3
             2     2
  ─────────────────────────────────────
  ... 4   3   2   1   0   1   2   3   4   5   6   .....
```

C'est la figure d'ensemble indiquée par les traits pleins, que j'ai à envisager plus particulièrement ([1])

Des dix 13 qui forment la rangée frontale des 13 du tableau, j'observe que c'est celui qui appartient à la rangée sagittale 13 $\longrightarrow$ 11 $\longrightarrow$ 9 $\longrightarrow$ 7 au pied de laquelle j'ai écrit un 3, c'est-à-dire précisément la différence donnée 3, qui, visé et décomposé en ses deux addendes, répond à la question. Or, j'ai écrit ce 3 à cette place pour marquer que les addendes bordants des nombres rencontrés sur cette rangée sagittale avaient (à l'exclusion des autres) la caractéristique commune que leur différence était 3 :

$$7 = 5 + 2 \qquad 5 - 2 = 3$$
$$9 = 6 + 3 \qquad 6 - 3 = 3$$
$$11 = 7 + 4 \qquad 7 - 4 = 3$$
$$13 = 8 + 5 \qquad 8 - 5 = 3$$
$$\cdots \quad \cdots \qquad \cdots \quad \cdots$$

On voit, à présent, quelle indication fournissent les nombres formant la rangée frontale écrite au pied du tableau et en deçà de la barre Chacun est la différence constante entre les addendes bordants des nombres formant la rangée sagittale au pied de laquelle il est écrit.

Autrement dit, si, dans la rangée sagittale au pied de laquelle est écrit, en deçà de la barre, le nombre 3, je remplace les pluriels que j'y ai écrits (à l'exclusion du premier appartenant à l'oblique bordante) par leurs deux composants, sans écrire entre eux la croix d'addition, j'ai deux nombres différents dont le plus grand est de trois plus grand que le plus petit.

Si je fais le même remplacement pour tous les pluriels formant les rangées au pied desquels sont écrits 0, 1, 2, 3, 4, 5..... j'ai à écrire dans la rangée sagittale au pied de laquelle est écrit 0, par exemple, successivement d'un poste numérique à l'autre, en partant de la partie du graphisme la plus rapprochée de moi, 2 et 2, 3 et 3..., bref l'un après l'autre *tous* les pluriels en pai-

(1) La figure explicative étant typographiée, il a fallu laisser des intervalles le long des droites pour y insérer les chiffres, ce qui donne des suites de traits On imaginera la figure formée par des droites pleines sans intervalles, et les nombres en surcharge sur les droites.

tant du plus petit, répétés deux fois, et par conséquent dont la
différence est o , dans la rangée au pied de laquelle est écrit 1 j'aurai à écrire 2 et 3, 3 et 4   , bref encore une fois chaque pluriel
à partir du plus petit, suivi chaque fois du nombre qui est plus
grand que lui de 1 La même vérification donne le résultat annoncé
pour tous les postes numériques du graphisme

Dès lors je fais la remarque suivante : chacun des couples pluriels (à l'exclusion du nombre bordant) formant la rangée sagittale
au pied de laquelle est écrit 3 remplit une des conditions du problème ; chacun des pluriels de chaque rangée frontale (à l'exclusion des deux pluriels extrêmes, formant dans leur ensemble les
rangées bordantes obliques du graphisme), considéré comme somme
des deux nombres, remplit l'autre condition du problème Je me
trouve avoir ainsi, dans le champ du graphisme (en excluant les
bordantes), deux rangées rectilignes de pluriels, une frontale et une
sagittale, dans chacune desquelles doit se trouver le pluriel particulier qui, décomposé en ses deux addendes bordants, répond à la
question. Ce pluriel particulier est donc celui qui se trouve à l'intersection des deux rangées Il y a plus : si prenant deux nombres
au hasard, j'avais dit, par exemple : quels sont les nombres dont
la somme est 10 et la différence 3 ? j'aurais, en faisant le cheminement indiqué, trouvé un poste numérique vide au point d'intersection visé, d'où j'aurais eu à conclure qu'il n'y a pas deux nombres
qui remplissent les conditions du problème.

Comment se fait-il qu'ayant écrit le graphisme tabellaire ci-
dessus, et ayant ensuite remplacé chaque nombre du champ par
ses composants bordants, je me trouve avoir accouplé tous les pluriels dont la différence est 3 le long d'une même droite sagittale ?

Faisons d'abord les observations suivantes. Connaissant les conditions de la solution, somme = 13, différence = 3, 8 et 5 y satis-
font ; 8 + 5 = 13, 8 — 5 = 3. Si à (8 — 5) placé à gauche de =
j'ajoute et que de l'ensemble je retranche le même nombre 5 (le plus
etit des cherchés), je ne change pas la valeur du diagramme ; et
j'obtiens le polynome 8 — 5 + 5 — 5 = 3. Changeant alors
l'ordre des nombres et me servant de la parenthèse j'ai

$$(8 + 5) — (5 + 5) = 3.$$

Effectuant les additions indiquées, j'ai 13 — 10 = 3, qui donne

13 — 3 = 10 = double du plus petit des deux nombres cherchés.
Conclusion pour trouver le double du plus petit des deux nombres
cherchés, il faut retrancher la différence donnée de la somme
donnée

Un coup d'œil jeté sur le graphisme p 96 muni des droites de
cheminement que j'ai marquées par des traits me donne la réponse
à la question ci-dessus Comment se fait-il que. , ? Commençons
par tracer une ligne une fois brisée 8 —> 13 —> 5. La branche
la plus longue de cette ligne brisée coupe la rangée sagittale au
pied de laquelle est écrit o au niveau ou nombre 10 = 5 + 5 A
partir de 10, traçons la droite 10 —> 5 parallèle à 8 —> 13; puis à
partir de 5 la droite 5 —> 8 parallèle à 13 —> 5 Nous formons
ainsi un rectangle dont l'un des côtés (ici le plus long) est un des
côtés du triangle rectangle isocèle qui a son angle droit en 10 et
ses deux angles aigus en 5 et 5, dont l'autre côté est 5 —> 8
= 13 —> 10, portion de 13 —> 5 Dès lors la ligne deux fois
brisée 5 —> 10 —> 5 —> 8 est égale à la ligne une fois brisée
5 —> 13 —> 8. En visant le 13 particulier (= 8 + 5) qui répond
aux conditions du problème, j'ai visé celui à l'occasion duquel les
conditions de contrôle graphique indiquent la décomposition
13 = 5 + 5 + 3

Je peux faire la même construction à l'occasion de tous les pluriels (non bordants) du graphisme ; et j'observe qu'à l'occasion de
tous ceux qui appartiennent à la même rangée sagittale, je trace
des rectangles dont le côté taillé dans la bordante est de même
longueur ; dans mon exemple 3 étapes d'un poste à l'autre. L'autre
côté, égal à celui ci, a une de ses extrémités sur la médiane (au pied
de laquelle est o) et la seconde, à 3 postes plus loin sur l'oblique
parallèle à la bordante ; ces secondes extrémités, où les pluriels
prennent la forme

$$2 + 2 + 3, \quad 3 + 3 + 3, \quad 4 + 4 + 3, \quad ......, \quad \text{etc,}$$

sont sur une même droite. J ai rempli géométriquement cette
condition. Il ne manque plus rien à mon esprit pour qu'il soit
satisfait, et, en outre, j'ai acquis les renseignements souhaités
sur la façon dont le problème se résout dans sa généralité.

Il est à peine besoin de remarquer que la solution raisonnée
du problème pouvait me sauter aux yeux beaucoup plus simple-

ment en pensant aux bulletins de vote, dans l'exemple concret Il me suffisait de remarquer que la rangée des bulletins des oui dépassait de 3 bulletins celle des non, et d'imaginer ou de me dire 5 plus 5 plus 3 font tous les bulletins ; ce qui donnait : dans la somme figure le plus petit, plus encore une fois le plus petit, plus ce dont le plus grand est plus grand que le plus petit, c'est-à dire la différence ; raisonnement que certains esprits feront spontanément du fait seul du sens précis que revêtent pour eux les mots somme et différence.

10. Suite des transformations diagrammatiques envisagées comme adjuvantes du raisonnement. — Nous venons de voir que l'économie du problème qui nous est posé n'apparaît clairement que par l'usage du graphisme tabellaire. Je prends ici le mot économie dans le sens suivant : harmonie établie entre les parties d'un ensemble, sens consacré par les lexicographes. L'usage des diagrammes et du ou des points d'interrogation ou de lettres qui les remplacent va nous permettre de pénétrer cette économie sans que notre intelligence des choses demeure liée à la conception d'un graphisme Tout d'abord la position du problème comporte deux inconnues, c'est-à-dire deux points d'interrogation différents : deux, trois, quatre..., x, y, z, etc., lettres conventionnelles différentes serviront de points d'interrogation différents.

Puis, je traduirai la ou les questions posées en langage diagrammatique : il faut que *simultanément* soient remplies les deux conditions suivantes :

$$x + y = 13, \qquad x - y = 3,$$

si x désigne le plus grand nombre, y désignera le plus petit. Tous les couples de nombre 1 et 12, 2 et 11, etc., remplissent la première condition ; tous les couples de nombres qui diffèrent de 3, 5 et 2, 6 et 3, etc , remplissent la seconde.

Je ne peux pas faire deux essais successifs

3 et 10 · la somme est 13, la différence 7
4 et 9 : la somme est 13, la différence 5,

sans que l'organisation méthodique des deux dénombrements (l'un progressif, quand je passe de 3 à 4, et l'autre rétrograde quand je

passe de 10 à 9) et de la vérification de la différence (dont je fais
suivre chaque essai) ne justifie le concept de *solidarité* que j'ai
pressenti entre le passage d'un essai au suivant et le passage étape
par étape d'une valeur de la différence à une autre valeur de la
différence Les deux équations tiennent ensemble. Elles forment
un système. Il y a une liaison, une harmonie entre les parties
(lettres, nombres, signes) que je viens d'écrire :

$$\begin{cases} x + y = 13 \\ x - y = 3. \end{cases}$$

Je peux interpréter ce *système* d'équations comme l'équivalent
de la constatation que me fournit mon graphisme . à savoir qu'en
remplissant *systématiquement* le champ du graphisme de postes
numériques conformément à une consigne donnée, il ne pouvait
pas ne pas arriver que chaque poste numérique faisant partie de
deux rangées obliques fit aussi partie de deux autres, une frontale et
une sagittale ; et fût particularisé par sa position au croisement de
ces rangées, formées de nombres auxquels l'observation de la consigne confère leur caractéristique.

Ces réflexions faites, l'usage des diagrammes pour trouver la
solution est tout indiqué.

J'isole, comme je viens d'apprendre à le faire, x et y dans les
deux équations posées et j'ai

$$x = 13 - y \quad \text{ou} \quad y = 13 - x \text{ qui impose la même condition,}$$

et

$$x = 3 + y \quad \text{ou} \quad y = x - 3 \text{ qui impose la même condition.}$$

Je choisis une équation d'un groupe $x = 13 - y$, par exemple,
et j'y remplace y par la valeur $x - 3$. J'aurais pu choisir
$y = 13 - x$ et remplacer x par $3 + y$.

Dans le premier cas j'aurai

$$x = 13 - (x - 3),$$

dans le second

$$y = 13 - (3 + y)$$

Dès lors dans l'une ou dans l'autre de ces équations je n'ai plus que deux fois la même question « combien » et j'écris .

$$x = 13 - x + 3 \quad \text{qui donne} \quad x + x = 13 + 3,$$

ou

$$y = 13 - 3 - y \quad \text{qui donne} \quad y + y = 13 - 3,$$

que je peux écrire : deux fois $x = 16$

»   »   » $y = 10$.

On voit la raison du titre que j'ai donné à ce paragraphe. J'ai raison de présenter les positions diagrammatiques et les transformations simultanées des diagrammes de part et d'autre du signe $=$ comme adjuvantes du raisonnement. Sans aucun graphisme tabellaire, en effet, il a suffi de l'emploi des signes et des lettres interrogatives pour connaître l'économie du problème, et cette connaissance me sert à préciser et à élargir le concept des opérations entendues par l'écriture entre deux nombres des signes de césure $+$ et $-$. Ce concept est élargi par la comparaison entre les formes différentes que prend la même somme de deux nombres, en augmentant *successivement* l'un des deux et diminuant l'autre de un, c'est-à-dire en faisant *varier* ces addendes ; il est précisé par le sens de poursuite d'une coïncidence attribuée aux constatations numériques *successives* auxquelles donne lieu l'attribution aux nombres cherchés de valeurs particulières.

Les transformations diagrammatiques ouvrent, on le voit, de nouveaux horizons à notre imagination ; mais, comme ce sont des nécessités logiques auxquelles ces transformations donnent, en quelque sorte, une figure, c'est, en même temps, à la réalisation de certains desseins qu'elles imposent une consigne.

D'une manière générale, notre imagination, grâce à ces transformations, sait à quoi se prendre ; elle a de quoi se repérer

Par exemple, en ce qui concerne le problème ici analysé, je suis sollicité à faire la remarque suivante : j'ai dit qu'il fallait au moins deux nombres connus et un signe pour qu'on posât une équation, c'est-à-dire pour qu'on s'imposât de trouver, par une opération, *un* troisième nombre ; que, pour trouver *deux* nombres inconnus, il fallait une donnée de plus que pour n'en trouver qu'un seul ; et pourtant ici deux données suffisent pour trouver deux inconnues.

Réponse : la donnée numérique que je réclame est remplacée dans tous les problèmes à plusieurs inconnues par l'affirmation du

lien qui solidarise l'un des dénombrements un à un, qui fournit
une des inconnues, avec le dénombrement qui en fournit une
autre. Ici, on fait trois dénombrements, mais deux d'entr'eux sont
tels qu'en faisant l'un on fait l'autre. Si je réfléchis à la forme
concrète du problème (13 votants, majorité 3) je remarquerai que
le scrutateur, en faisant des deux sortes de bulletins des rangées
parallèles, a dit ou pensé : un et encore une fois un, deux et encore
une fois deux, etc., puis, à partir du poste où il n'y a plus qu'une
rangée au lieu de deux, il a commencé un nouveau dénombrement, 1, 2, 3. En tout *trois* dénombrements, mais la question
implique que, sur trois, deux sont solidaires.

Je ferai encore une autre remarque intéressante. Si je vais jusqu'au bout des transformations diagrammatiques, après avoir écrit
$x + x = 16$, j'aurai à écrire $x = \frac{16}{2}$, d'où je conclus que quoique
l'énoncé du problème n'emploie que les mots somme et différence,
le problème lui-même fait appel à des concepts qui dépassent la
connaissance de l'addition et de la soustraction, c'est ce dont
témoigne le 2 écrit en deçà de la barre, barre dont je ne connais
pas encore le sens à ce moment de l'exposé. La chose devien-
drait encore plus claire si j'avais posé le problème suivant : étant
données la somme de trois nombres différents, et les deux différences entre le plus petit et le moyen, et entre le moyen et le
plus grand, trouver ces trois nombres. Nous aurions eu alors
le plus petit nombre, par exemple z, sous la forme suivante
$z = \frac{z + z + z}{3}$. Or, nous ne savons pas encore trouver la moitié,
le tiers ., etc , d'un nombre. Les diagrammes me servent encore
ici à faire une remarque qui, sans leur emploi, aurait eu chance
de rester dans l'ombre. Cela dit, j'ai le sentiment d'être arrivé au
bout de l'analyse du problème posé.

Présentés ainsi, les rudiments de la science des nombres, si
arides pour certains esprits, deviennent, à proprement parler, une
sorte d'*Histoire naturelle de l'Arithmétique*, qui rebute moins que
le théorétisme usuel.

Si j'use et vais abuser, sans fausse honte, du néologisme, c'est
pour appeler l'attention sur l'impropriété de certains mots, de certaines expressions, passés, pourrait-on croire, à l'état de fétiches.

De plus experts, des professionnels, viendront qui, dans ce domaine du vocabulaire, sauront porter la sape. Les savants nous aident à voir les choses telles qu'elles sont. Ils ne sauraient, sans dommage, se soustraire à une autre obligation, celle de les appeler par leur nom. Or, il m'a paru que les mathématiciens dédaignaient trop cette partie de leur tâche et qu'on pouvait, sans irrévérence, le leur rappeler.

Ayant parlé de l'addition et de la soustraction de pluriels inégaux, nous sommes amenés à parler de l'addition et des suites de soustractions de pluriels égaux, c'est-à-dire de la multiplication et de la division ; mais on peut encore aborder autrement cette étude, c'est ce que je me propose de montrer.

CHAPITRE VI

—

LES NOMBRES SERVENT A DES ÉVALUATIONS

1. Des locutions numériques dérivées des substantifs numéraux Nomenclature verbale et diagrammatique — Nous ne saurions, en tant que vivants, nous concevoir nous-mêmes sans nous considérer comme des véhicules d'intentions, des concepteurs de desseins que, sauf accident intercurrent, nous réalisons. L'ensemble des occurrences nous apparaît comme lié à un va-et-vient perpétuel de vivants. Les chemins qu'ils parcourent sillonnent la surface du sol, le milieu aquatique et aérien, d'un réseau de lignes qui se croisent et se brisent en certains points où ont lieu des arrêts, des rencontres, et éventuellement des échanges. En visant ces points, ou en imaginant les points que nous aurons à viser, nous escomptons les coïncidences qui s'y produiront.

Pour que l'occurrence, la coïncidence escomptée comme devant se produire en un certain lieu et à un certain moment de la durée de chacun se produise effectivement, il faut *régler* les effets extérieurs des tensions au moyen desquelles nous réalisons nos intentions. Dans ce but nous imaginons des *engins* que nous mêmes et tous ceux qui seront intentionnés identiquement emploieront, lors qu'il s'agira d'amener des coïncidences de la catégorie particulière que détermine l'intention identique. Sans engin régulateur, nous ne sommes pas sûrs, par exemple, qu'ayant fait le même nombre de pas en ligne droite, nous ayons franchi la même distance, car la longueur de nos pas est variable. Il faudrait, pour que nous en soyons sûrs, que la longueur de nos pas fût contrôlée au moyen d'un lien inextensible tendu entre nos deux jambes.

Un restaurateur loue une table pour un banquet. On lui donne le nombre des convives Il aura à *évaluer* d'avance la convenance de telle ou telle longueur du contour de la table à la quantité connue des convives Pour y arriver, il se servira d'un cordeau dont la longueur sera la place moyenne que doit occuper un convive, et répondra : la table est assez *grande* ou n'est pas assez *grande* Si, au lieu d'être 25, les convives sont au nombre de 50, il faudra un nombre double de largeurs moyennes des participants, et le restaurateur, sans recommencer son opération, se contentera de vérifier l'égalité d'une première table et d'une seconde pour satisfaire à la nouvelle quantité de convives

Le concept même de grandeur a pour expression logique des adjectifs numéraux dérivés des substantifs numéraux dont nous nous sommes occupés jusqu'ici On dira d'une quantité, d'une longueur d'une aire, d'un volume, d'un poids, d'une fréquence, etc , qu'ils sont doubles, triples, quadruples .., d'une ou d'un autre ., autrement dit, 2, 3, 4... fois une autre quantité, une longueur, une aire, un volume, etc Inversement, une quantité, une longueur, etc., sont la moitié, le tiers, le quart, etc , d'une autre quantité, longueur, aire, d'un volume, etc.

Le rapport de deux *quantités* s'évalue par le dénombrement des uns dont chacune des quantités est la somme. Une troupe de 25 hommes est le quintuple d'une troupe de 5 hommes.

Le rapport de deux longueurs, de deux aires, de deux volumes etc, s'obtient au moyen d'*engins*.

Prenons tels que nous les livre le discours, les adjectifs numéraux que nous venons d'employer spontanément. Prenons également ment dans le discours les mots évaluation et rapport, et la locution évaluation d'un rapport dans le sens que nous venons de lui donner en parlant du rapport de 25 à 5

Nous n'échappons pas à la nécessité de faire des évaluations et cette nécessité implique la création d'un vocabulaire adéquat au dessein poursuivi quand nous faisons une évaluation.

Les adjectifs numéraux que nous venons d'indiquer, des propositions dans lesquelles entre le mot de rapport, sont les témoins de cette nécessité logique. Mais, il y a, en plus, une nomenclature non plus spontanée, mais conventionnelle, scolastique pourrait on dire, qui résulte des traditions de l'enseignement Sur cette nomenclature, la critique a prise, et l'on peut se demander si, en suivant docilement la grande route tracée par les maîtres enseignants on ne suit pas, sans s'en douter, une routine Certaines expressions malheureuses ont pu se transmettre ainsi de bouche en bouche et de Manuel en Manuel. Une fois que leur impropriété nous a frappés, nous avons le droit de ne pas nous astreindre à les réemployer servilement. Il me semble, en outre, qu'il est de bonne méthode de mettre dès l'abord en regard les uns des autres les mots et les diagrammes. L'imagination créatrice prend tantôt occasion d'une expression verbale pour créer un diagramme, tantôt, au contraire, occasion d'un diagramme pour créer une nouvelle expression verbale Le langage reflète, bon gré mal gré, cette double origine de nos concepts arithmétiques. J'en tiens compte dans l'énumération qui termine ce paragraphe.

Je regarde comme notoirement malheureuses, deux locutions devenues si usuelles qu'elles seront sans doute très difficiles à déraciner : ce sont les expressions multiplier un nombre *par* un autre, diviser un nombre *par* un autre.

Multiplier, verbe transitif, signifie porter à un nombre de plus en plus grand, plus spécialement par génération. Il ne saurait être logiquement suivi de la préposition *par*. A titre de confirmation de cette remarque, j'observe que deux lexicographes distingués, Littré et Hatzfeld, dans les longs articles qu'ils consacrent au mot « par » n'arrivent pas à faire entrer dans une des catégories des sens de « par » celui qu'il faudrait pour justifier l'expression multiplier par ; aussi à l'article « par » passent-ils cette expression sous silence. J'observe, en outre, qu'un physicien anglais Everett, dans un petit volume intitulé « Unités et Constantes physiques », a un paragraphe intitulé « Signification du mot par ». Or, on conviendra que les prépositions, qui sont en quelque sorte les nervures de la syntaxe (le grammairien Dumarsais disait qu'elles soutenaient, en quelque sorte tout l'édifice du langage français), qui ont pour fonction de lier par un rapport *déterminé* le mot qui les précède et celui qui les suit, doivent conséquemment figurer dans le langage mathématique avec une signification assez précise pour que leur usage n'ait plus besoin d'un commentaire justificatif. Comme il n'en va pas ainsi dans les locutions multiplier un nombre, diviser un nombre par un autre, j'ai rompu avec la tradition.

J'énumère ici quelques locutions et diagrammes dont il sera fait usage dans l'exposition de l'emploi des nombres et des signes qui fait l'objet de ce chapitre.

Les locutions le double d'un, le double de deux, le triple d'un, de deux. ., de vingt, etc , ou encore deux fois un, deux fois deux, trois fois un, trois fois deux.. , vingt, etc., se diagrammatisent $1 \times 2, 2 \times 2, 1 \times 3, 2 \times 3, . ., 20 \times 3, . ., m \times n$, n étant un pluriel quelconque et m étant un ou un pluriel quelconque.

J'appelle un mixte l'ensemble $m \times n$. Chacun des nombres qui entrent dans cet ensemble se nomme un des éléments du mixte. Comme on obtient un mixte au moyen d'une combinaison, j'appellerai la croix (remplacée quelquefois par un point) qui se trouve entre les deux éléments, croix de combinaison.

Quand un mixte est suivi du signe $=$ et d'un nombre, c'est qu'on a évalué le mixte ; le résultat sera un mixte évalué et l'opération que l'on aura faite pour connaître ce résultat sera nommée combinaison. Les locutions, la moitié, le tiers .., cinq septièmes, sept cinquièmes, etc., se dragrammatisent ainsi :

$$\frac{1}{2}, \frac{1}{3}, \ldots, \frac{5}{7}, \ldots, \frac{7}{5} \text{ etc.} \frac{m}{n},$$

m étant un ou un pluriel quelconque, et n étant un pluriel.

L'ensemble $\frac{m}{n}$ se nomme une réduite. Chacun des deux nombres qui entrent dans cet ensemble est un des termes de la réduite. La barre qui est entre les deux termes de la réduite est dite barre de réduction. L'un des termes est dit transbarre, l'autre cisbarre.

Quand le nombre transbarre est plus petit que le cisbarre, la réduite est dite mineure ; quand le transbarre est plus grand que le cisbarre, la réduite est dite majeure. Quand les deux nombres transbarre et cisbarre sont identiques, la réduite est intermédiaire Quand le nombre transbarre est un, la réduite est dite singulière ; quand il est différent de un elle est plurale :

$\frac{1}{2}$ réduite singulière ;

$\frac{5}{7}$ réduite mineure plurale ,

$\frac{7}{5}$ réduite majeure ;

$\frac{7}{7}$ réduite intermédiaire.

Quand, à la suite d'une réduite majeure se trouve le signe $=$ et un nombre, ou un nombre suivi du signe $+$ et d'une réduite mineure, c'est qu'on a évalué la réduite ; le résultat est une réduite évaluée ou une évaluation élémentaire. L'opération que l'on a faite pour trouver la réduite évaluée est dite une réduction.

Nous verrons que les réduites $\frac{3}{7}$, $\frac{7}{3}$ ont la même valeur que les réduites

$$\frac{3 \times 2}{7 \times 2} = \frac{6}{14}, \frac{3 \times 3}{7 \times 3} = \frac{9}{21}, \text{ etc. } \frac{14}{6}, \frac{21}{9}, \text{ etc } . . = \frac{7}{3}.$$

Parmi toutes les formes que l'on peut donner à une réduite, il en est donc une, telle que les deux termes de la réduite soient des nombres plus petits que ne le sont les termes de toutes les réduites équivalentes Cette forme particulière d'une réduite, dont les termes sont le plus petit possible, prend le nom de réduite autologique ; toutes les autres sont des réduites tautologiques.

Le mot réduite qui s'oppose si utilement au mot « mixte », comme le mot réduction s'oppose à combinaison, n'est pas disponible en Mathématique ; la théorie des fractions continues se l'est approprié Il m'a semblé qu'on pouvait se permettre de le revendiquer pour lui donner un emploi plus commun. La croix de combinaison et la barre de réduction forment à elles deux une catégorie de signes. Nous pouvons les dénommer signes de relation.

2. D'une grandeur particulière dont l'évaluation sert de type aux autres évaluations. — Il en va de la notion abstraite d'évaluation comme de toutes les notions abstraites. Les mots dont on se sert, quand on évalue, expriment les concepts qu'implique l'accomplissement de certains desseins particuliers. Ce n'est qu'au fur et à mesure que les catégories d'occurrences se multiplient, que la réflexion discerne des formes identiques de langage employées dans des cas très différents, que, par suite, ces formes elles-mêmes deviennent l'objet d'une étude logique.

L'industrie humaine s'exerce sans trêve, et bien des étapes ont été franchies entre le moment où les hommes sont convenus d'adopter, par exemple, certaine mesure agraire et celui où l'ingénieur et le chimiste moderne répondent par un nombre aux questions sui-

vantes : quel est le rendement d'une dynamo? quel est le poids
moléculaire du chlore? Ce sont pourtant aussi des formes d'évaluation. Certaines nécessités logiques et naturelles définies se retrouvent
identiques dans tous les cas où on évalue. De même que nous avons
dit que pour que l'on comptât, il fallait qu'il y eût quelque chose à
compter, de même on évalue toujours la grandeur de quelque chose :
mais ce quelque chose nous apparaît, en général, très enveloppé, ainsi
que le montrent les deux exemples ci-dessus : la grandeur d'un
rendement, la grandeur d'un poids moléculaire. Comment faire
pour découvrir des circonstances où une évaluation se présente
avec un caractère de simplicité suffisante, grâce à un minimum
d'études et de conventions préalables, pour qu'on saisisse ce qui la
constitue essentiellement ; avec un caractère assez complexe pour
que rien de ce qui la constitue essentiellement ne nous échappe?
Pour y parvenir il faut recourir à l'observation réfléchie. Or si
nous nous demandons quelle est, parmi les évaluations les plus
simples, celle qui nous apparaisse comme indispensable au succès
d'un dessein dont nous poursuivons la réalisation, nous remarque-
rons que nous avons à chaque instant besoin de savoir si un certain contenant sera suffisamment grand pour un certain contenu,
ou si un certain contenu remplira un certain contenant. Cette
question elle-même peut être simplifiée : nous avons besoin de
savoir si, sur une certaine surface plane déterminée, il y aura place
pour ce que nous voulons y placer. Une aire plane peut être prise
comme type de ce que à propos de quoi nous disons que cela est
grand ou petit, que cela est plus grand ou plus petit qu'une
autre même chose.

La légitimité du choix de l'évaluation des aires planes comme
base de l'étude des évaluations en général s'appuie sur une observation importante. En effet, depuis que l'Arithmétique est l'objet
d'une exposition didactique, les maîtres ne sauraient se passer de
commencer cette exposition en nous faisant lire la table de Pythagore, et écrire en même temps des égalités telles que celle-ci
$2 \times 2 = 4$, etc. Imaginons que les nombres que nous apprenons
à connaître en lisant notre table de Pythagore soient, comme il
est naturel de le faire, placés dans des cases carrées juxtaposées
obtenues par le tracé d'un réseau de droites équidistantes. Dès lors,
le nombre p ($= m \times n$) que nous lisons dans une de ces cases

peut être regardé comme étant en même temps que dans une de ces cases, reporté au croisement de deux des droites de notre réseau. Ces deux droites forment avec les bordantes (voir le dessin ci-après) un rectangle et en lisant ce nombre nous énonçons la somme des petits carrés que contient le rectangle à l'angle duquel est *p*, autrement dit nous avons évalué la grandeur de ce rectangle, si un des petits carrés (dont le rectangle contient *p*) est dit avoir la grandeur un.

Nous concluons de cette observation que le choix de cette évaluation particulière comme type des évaluations, en général, est non artificiel mais naturel ; ce qu'il faut entendre ainsi : en formant la table de Pythagore nous avons spontanément créé les conditions de l'évaluation des aires. Cette évaluation ne peut pas ne pas résulter de ces conditions. Réfléchir ensuite sur ce que nous avons fait, ce sera nous prendre sur le fait en tant qu'évaluateurs. C'est dans ce sens qu'il faut comprendre l'exposition qui va suivre.

3. Graphisme combiné en vue d'évaluer des aires planes. — Nous n'avons pu préciser les notions acquises au chapitre précédent sans remarquer que, du moment où nous tenions compte dans nos dénombrements de la borne désignée par o (du moment que nous écrivions 3 — '3 = o), l'image d'une droite repérée se fixait dans notre esprit au point de nous apparaître comme essentiellement liée à la notion de dénombrement direct et de dénombrement rétrograde. Or, cette droite repérée n'est pas seulement une image, mais sous le nom de règle (ou de cordeau, c'est-à-dire d'une corde tendue qui remplace la règle solide), elle est le plus simple de ces engins, dont nous venons de dire que leur usage était corrélatif de ces actes particuliers nécessaires pour arriver à une évaluation, qui ne soit pas simplement l'énoncé de la grandeur de deux quantités l'une par rapport à l'autre. La règle est une portion détachée du solide qui sert de support à notre station et à notre progression sur le sol, de support également aux objets transportés au moyen de nos organes de préhension. Nous savons que le chemin que nous faisons le long de la règle est une des portions des chemins rectilignes que nous pouvons imaginer tracés sur la surface dont nous disposons pour nous y mouvoir. Ces chemins rectilignes, en se croisant un nombre déterminé de fois, enserrent entre eux des portions de surface dont nous savons qu'elles sont plus ou moins grandes Or, nous concevons un dessin linéaire qui nous permet d'évaluer une aíre par un double dénombrement d'uns ou par un dénombrement de double-uns.

Servons-nous de la règle définie comme nous venons de le faire pour tracer deux groupes de droites parallèles équidistantes. Les droites de l'un des groupes sont, par convention, perpendiculaires aux droites de l'autre (¹).

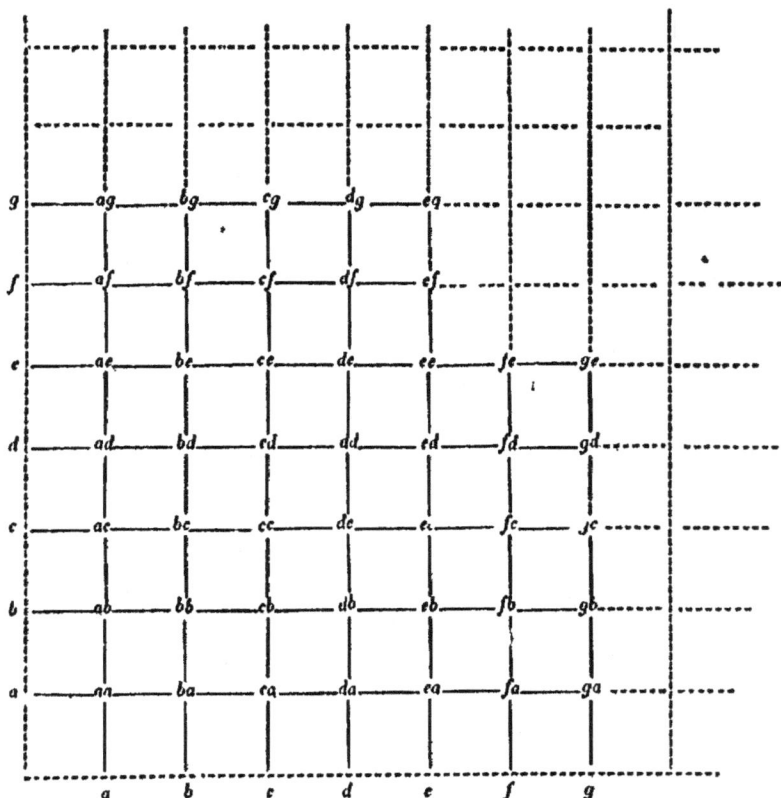

Nous obtenons ainsi un réseau que l'on peut prolonger indéfi niment, comme l'indiquent les lignes ponctuées. A titre d'exemple

---

(¹) Même remarque qu'à la page 97. On imaginera la figure formée par des droites pleines sans intervalles, et les lettres en surcharge sur les droites.

détachons de ce dessin un fragment ; c'est celui qui, sur notre figure, est marqué de traits pleins. A partir d'une droite *bordante* frontale nous rencontrons une frontale que nous appelons la première ; à partir d'une droite *bordante* sagittale nous rencontrons une sagittale que nous appelons aussi la première. Marquons d'un même caractère *a* ces deux droites, premières après les bordantes ; puis d'un même caractère *b* les deux droites, deuxièmes après les bordantes, et ainsi de suite, de *c*, de *d*, etc., les droites successives indéfiniment. Notre aire plane se trouve, grâce aux croisements des droites, cloisonnée en cases carrées contigües. Deux cases carrées contigües forment un rectangle de surface double, trois cases carrées contigües un rectangle de surface triple d'un carré, et ainsi de suite indéfiniment.

Convenons à présent d'écrire à chaque croisement les deux lettres par lesquelles nous avons désigné chacune des droites qui concourent au croisement. Nous aurons soin d'écrire dans un ordre défini les deux lettres : chaque première lettre d'un groupe de deux lettres sera uniformément la sagittale *ou* la frontale. Dans notre dessin ce sont les sagittales qui sont écrites les premières.

Comptons des carrés adjacents jusqu'à ce que nous arrivions au carré *eg*. Nous obtenons :

$$0 + 1^{aa} + 1^{ab} + 1^{ac} + 1^{ad} + 1^{ae} + 1^{af} + 1^{ag} = 7$$
$$0 + 1^{ba} + 1^{bb} + 1 \quad + 1 \quad + 1 \quad + 1 \quad + 1 \quad = 7$$
$$0 + \; . \quad . \quad . \quad . \quad . \quad . \quad . \quad = 7$$
$$. \quad . \quad . \quad . \quad . \quad . \quad . \quad . \quad = 7$$
$$. \quad . \quad . \quad . \quad . \quad . \quad + 1^{eg} = 7$$

$$\begin{array}{ccccc} 1 & 2 & 3 & 4 & 5 \end{array}$$

en tout 35 carrés. $0 + 7 + 7 + 7 + 7 + 7 = 35.$

Nous aurions pu compter.

$$0 + 1^{aa} + 1^{ab} + 1^{ac} + 1^{ad} + 1^{ae} = 5$$
$$0 + 1^{ba} + 1^{bb} \quad . \quad . \quad . \quad = 5$$
$$0 + \; . \quad . \quad . \quad . \quad . \quad = 5$$
$$. \quad . \quad . \quad . \quad . \quad . \quad = 5$$
$$. \quad . \quad . \quad . \quad . \quad . \quad = 5$$
$$. \quad . \quad . \quad . \quad . \quad . \quad = 5$$
$$. \quad . \quad . \quad . \quad . \quad + 1^{ge} = 5$$

$$\begin{array}{ccccccc} 1 & 2 & 3 & 4 & 5 & 6 & 7 \end{array}$$

en tout 35 carrés. $0 + 5 + 5 + 5 + 5 + 5 + 5 + 5 = 35.$

Appelons un *groupe*, deux ou plusieurs lettres identiques ou différentes considérées comme formant un ensemble. Nous voyons qu'un groupe et un seul peut être regardé comme représentant *un* seul certain rectangle considéré comme une portion isolée du réseau indéfini.

Le contour que forment quatre droites, qui se croisent deux à deux, isole une aire rectangulaire, aire dont les éléments longueur et largeur (limites sagittales et frontales dans les conditions de notre dessin) sont déterminées. Visons le rectangle *eg* et tirons parti de cette idée que nous avons eue de décrire à propos de ce rectangle les deux lettres *e* et *g*.

J'ai *combiné* les croisements des lignes de mon dessin et l'inscription des repères le long de ces lignes, de manière à ce qu'un certain croisement de lignes (entre d'autres), et un groupe de deux caractères (entre d'autres), forment dans mon esprit un concept tel que celui-ci prend place dans un ensemble. C'est ce concept d'ensemble qui va m'être utile.

Rappelons-nous, à présent, que l'ordre des substantifs numéraux dont je me suis servi pour compter est déterminé : on dit deux après avoir dit un, trois après avoir dit deux, etc. ; de même, le rectangle *eg* m'apparaîtra comme venant à son rang, à la suite de l'énumération des carrés telle que je l'ai écrite ci-dessus. On n'aura à envisager *eg* qu'après avoir groupé autant d'*a*, autant de *b*, autant de *c*, autant de *d*, autant de *e* (c'est-à-dire cinq figures) avec autant de figures qu'il y en a de *a* à *g* inclusivement (c'est-à-d e sept figures). Or, nous disposons de figures, les nombres, par lesquels nous pouvons remplacer *a*, *b*, *c*, etc., comme repères le long de nos droites bordantes ; 1 numérotera la première parallèle, 2 la seconde et ainsi de suite, 0 sera écrit au croisement des bordantes. Nos groupes deviennent alors par exemple 57 au lieu de *eg*, et pour ne pas lire 57 (cinq sept), cinquante-sept, je mets entre les deux nombres la croix de combinaison. J'obtiens ainsi 7×5 ; et lisant cet ensemble le quintuple de 7, j'aurai énoncé un mixte. Ainsi que le montre le développement ci-dessus, le nombre d'uns auquel ce mixte évalué est·égal, est le pluriel obtenu en dénombrant des groupes binaires dont chacun est formé d'un des uns de 5 groupé avec un des uns de 7. Faire ce dénombrement jusqu'à épuisement des groupes — c'est à-dire en comptant tous les groupes différents et chacun une seule fois — ce sera combiner les uns de 5 avec les uns de 7 ou les uns de 7 avec les uns de 5, et par abréviation combiner 5 avec 7 ou 7 avec 5 ; ce sera par le fait même compter les carrés dont l'ensemble forme un rectangle.

Pratiquement, quand les *chiffres* remplacent les *caractères*, un groupe binaire de deux caractères est, à partir d'une certaine parallèle — dans notre numération la dixième — remplacé par un groupe de deux *figures* séparées par la croix de combinaison, chaque *figure* étant elle-même formée de deux ou plusieurs caractères. Mais notre esprit ne voit délibérément d'abord que deux figures, puisque c'est cette vue qui consacre le dessein d'évaluation ; puis voit, tout aussi délibérément, les caractères dans chaque figure, puisque c'est la remémoration des conventions, qui ont présidé à la confection des figures au moyen des caractères, qui permet d'effectuer l'évaluation visée.

4 Tableau des mixtes évalués. — Nous apercevons, dès à présent des circonstances, différentes de celles de l'évaluation d'une surface plane en unités, dans lesquelles nous aurons à faire usage des mixtes évalués.

EXEMPLES. Si un vase *intermédiaire* sert au transvasement d'un liquide d'un vase A dans un vase B et que je sache que le vase intermédiaire a une capacité de 7 litres, je désire savoir combien j'ai transvasé de litres après 5 puisages. J'aurai, de même que dans le cas qui vient de nous occuper, à évaluer en unités le mixte 7×5, et je répondrai par le nombre 35. Les besoins d'échange de marchandises entre les membres d'une société humaine, ont amené à créer une marchandise *intermédiaire* représentative des différentes marchandises sujettes à l'échange ; cet intermédiaire est la monnaie. Si un poisson coûte 7 francs et qu'il m'en faille 5 pour les besoins d'un banquet, j'aurai à débourser 35 francs.

Les mixtes évalués se liront sur un tableau analogue à celui que j'ai formé à la page 78 et comme celui-là supposé indéfiniment étendu. Je me dispense de représenter les premiers postes numériques de ce nouveau graphisme tabellaire, car l'ensemble de ces premiers postes n'est autre chose qu'une table de Pythagore plus ou moins étendue.

Chaque nombre inscrit dans le champ de ce nouveau tableau
est une certaine somme. Il se trouve appartenir à deux rangées de
nombres. La somme visée sera diagrammatisée sous la forme
d'un mixte dont les deux éléments sont les deux nombres bordants
des rangées au croisement desquelles ils se trouvent Le développement diagrammatique du mixte sera la somme obtenue en écrivant o, puis autant de signes + qu'il y a d'uns dans l'un des
nombres élémentaires bordants, et en faisant suivre chacun de ces
+ de l'autre nombre bordant élémentaire.

Le nombre visé 35 se lit deux fois sur mon tableau Ce nombre
appartient à la rangée qui a pour premier nombre 5 et à la rangée
qui a pour premier nombre 7.

J'écris o et cinq signes +,

$$\begin{matrix} 1 & 2 & 3 & 4 & 5 \\ o+ & + & + & + & + \end{matrix}$$

puis 7 après chaque signe +,

$$o + 7 + 7 + 7 + 7 + 7 = 35 = 7 \times 5 = \text{le quintuple de 7.}$$

J'aurais pu écrire

$$\begin{matrix} 1 & 2 & 3 & 4 & 5 & 6 & 7 \\ o+ & + & + & + & + & + & + \end{matrix}$$

et ensuite

$$o + 5 + 5 + 5 + 5 + 5 + 5 + 5 = 35 = 5 \times 7 = \text{le septuple de 5.}$$

Le nombre qui est à droite de la croix de combinaison, ou pluriel des +, sera dit *pluriel de césure* ; le nombre qui est à gauche,
pluriel moyen ou *part moyenne plurale*.

Un mixte défini ainsi que nous venons de le faire est un diagramme dont les deux nombres élémentaires sont liés par la condition que si l'on augmente ou que l'on diminue *l'un* des nombres
élémentaires de un, le pluriel évaluatif de ce mixte est augmenté
ou diminué d'autant de uns qu'il y en a dans l'*autre* nombre.

Exemple :

$$5 \times 7 = 35$$
$$(5 + 1) \times 7 = 35 + 7 = 42$$
$$(5 - 1) \times 7 = 35 - 7 = 28,$$

d'où

$$5 \times 7 = 4 \times 7 + 7$$
$$\text{»} = 3 \times 7 + 7 + 7$$
$$\text{»} = 2 \times 7 + 7 + 7 + 7$$
$$\text{»} = 1 \times 7 + 7 + 7 + 7 + 7$$
$$\text{»} = 1 \times (7 + 7 + 7 + 7 + 7)$$
$$\text{»} = 1 \times 35.$$

Ce dernier résultat est particulièrement intéressant. La convention en vertu de laquelle j'ai mis la même distance entre les repères numérotés de la bordante sagittale et de la bordante frontale m'amène à écrire

$$1 \times 1 = \text{une unité d'aire plane}$$

1×1 représente donc un carré

Mais toutes les aires planes limitées par les droites de mon réseau sont telles qu'elles deviennent doubles, triples, quadruples, etc., quand un des éléments (limitante sagittale ou limitante frontale, longueur ou largeur) devient double, triple, quadruple, etc. J'en conclus que si l'un des éléments reste constant, l'extension d'un carré qui me fait attribuer à un rectangle la valeur 2, 3, 4, ...35 carrés sera connue en portant sur l'une des deux bordantes un des côtés du carré à la suite de lui-même, jusqu'au repère 2, 3..., 35.

Je peux faire abstraction de la considération que 1 est la longueur du côté d'un des carrés dont je considère des bandes juxtaposées ; ne voir dans cet 1 que l'intervalle de deux repères équidistants, marqués le long d'une droite au moyen de ce que j'ai appelé un engin, par exemple, l'écartement fixe des deux branches d'un compas. Le diagramme 7×5 peut être égalé à 35 et non plus à 1×35, mais il n'a plus alors que le sens d'une forme nouvelle abrégée donnée à celui-ci

$$\overset{1}{} \quad \overset{2}{} \quad \overset{3}{} \quad \overset{4}{} \quad \overset{5}{}$$
$$0 + 7 + 7 + 7 + 7 + 7.$$

Il ne me fait plus penser à l'évaluation d'une grandeur que si je distingue par une marque *particulière* chaque *septième* repère le long de la droite marquée de 35 repères. Dès lors, naîtra dans dans mon esprit le concept de chemin le long duquel il se produit des occurrences notables espacées de 7 en 7 pendant un dénombrement de 1 à 35. Ces occurrences pourront être l'adoption d'un nouveau mot comme c'est le cas de 10 en 10 dans la numération décimale. Pour l'analyste, il reste cette notion que l'ensemble 1 × ou × 1 peut être mis ou supprimé en tête, au milieu ou à la fin du diagramme d'un mixte sans changer la *valeur* de ce mixte ; valeur, c'est-à-dire, ici, pluriel résultant de l'addition des nombres égaux placés après les signes +. Ce que je sais, en outre, c'est que les diagrammes de mixtes sont susceptibles d'une interprétation appropriée aux questions que l'évaluation des aires planes amène à se poser.

5 De la multiplication. — L'évaluation d'un mixte en unités s'obtiendra d'après ce que nous venons de dire en faisant une addition d'une quantité *connue* de pluriels égaux connus. Le résultat est un pluriel. Or, ce pluriel vient naturellement se placer au croisement de deux rangées déterminées parmi toutes celles qui forment le tableau de Pythagore indéfiniment étendu, et prend de ce fait un sens particulier que nous avons défini dans les paragraphes précédents.

Il se trouve, à présent, que le résultat de ces additions particulières peut être obtenu par un procédé différent de celui que nécessitent les additions de pluriels inégaux en nombre quelconque. C'est là un avantage que nous devons à l'ingéniosité de nos devanciers. Celle-ci avait déjà puissamment simplifié notre tâche lorsqu'il s'est agi d'additionner des pluriels quelconques. Je vais marquer ici brièvement ce que nous devons aux inventeurs de la numération écrite avec zéro, lorsqu'il s'agit d'évaluer en unités le mixte 4963 × 375, par exemple, écrit au moyen de la numération décimale. Détachons du tableau de Pythagore supposé indéfiniment étendu, dans lequel chaque nombre occupe un carré, le rectangle limité à ses quatre angles par les nombres 1, 9, 81, 9. Nous obtenons un petit tableau qui tient dans le creux de la main et dont les nombres avec leur signification demandent un effort de mémoire léger. Ce tableau va nous suffire pour trouver rapidement quel est le nombre que nous lirions dans le dernier petit carré diagonalement opposé à celui où nous lisons 1, d'un rectangle détaché de notre tableau ayant à ses carrés angulaires les nombres 1,375, ∞, 4 963. Ce petit tableau renferme, outre les nombres bordants, 64 résultats d'additions ou plus exactement 36 résultats, car sur les 64 nombres que nous y lisons, 56 se répètent une fois ; ce qui fait, en somme, la moitié de 56 ou 28 + 8 résultats ; et même moins encore puisque 12 et 24 sont répétés 4 fois, ce qui réduit de 2 le nombre 36. Nous avons donc en définitive 34 nombre qui vont nous servir à trouver, par un procédé fort simple, tous ceux de notre tableau indéfiniment étendu.

Une construction graphique nous aide à suivre les étapes de l'opération qui nous fait aboutir à écrire $4\,963 \times 375 = 1\,861\,125$. J'en donne un peu plus loin le tableau opératoire analytique. Le résultat s'obtient en écrivant successivement de droite à gauche les chiffres dont la lecture d'ensemble est le nombre cherché, écrit conformément aux règles de la numération écrite. Je passerai sous silence les simplifications d'écriture, qui sont ici accessoires.

Remarquons qu'implicitement, en écrivant les tableaux systématiques de la numération écrite décimale, nous avons employé d'avance le concept qui nous amène à l'écriture du signe ×. En effet, ces tableaux nous ont fait poser les égalités :

10 fois 10 = 100 ou $10 \times 10 = 100$, puis successivement

$10 \times 100 = 1,000$

$100 \times 100 = 10\,000$

$1000 \times 100 = 100\,000$ et ainsi de suite.

En outre, les mêmes tableaux nous ont donné, par exemple :

$$300 = 3 \times 100$$
$$4\,000 = 4 \times 1\,000, \text{ etc.}$$

J'ai figuré ci-dessous un rectangle dont les côtés formés de portions de droite pleine et de portions pointillées schématisent le rectangle $4\,963 \times 375$, supposé de dimensions réelles. Le rectangle 5×3 délimité par des droites pleines a seul sa contenance exacte.

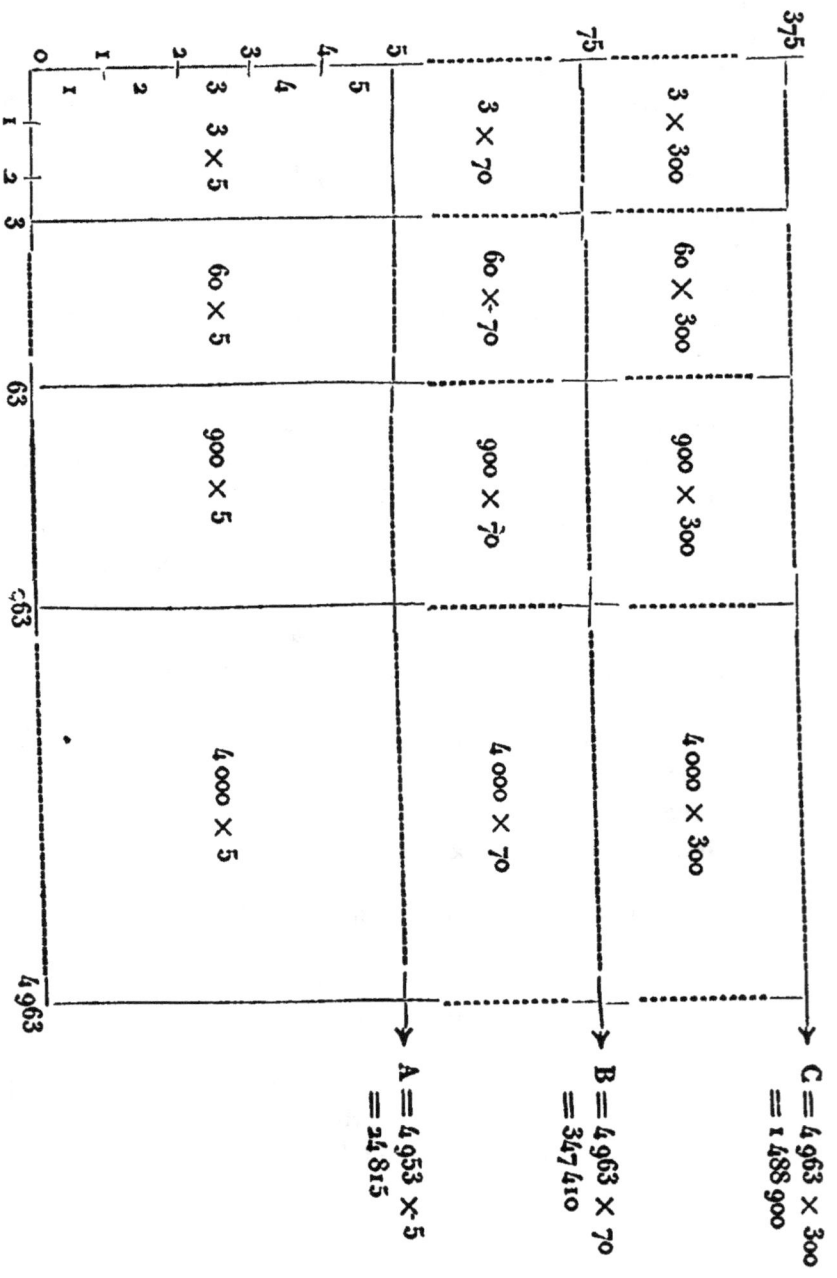

375

75

3 × 300 | 60 × 300 | 900 × 300 | 4 000 × 300

3 × 70 | 60 × 70 | 900 × 70 | 4 000 × 70

5

3 × 5 | 60 × 5 | 900 × 5 | 4 000 × 5

0 1 1 2 3 4 5

1 1 2 3 3 3 3 4

1 2 3   3 63   ,63   4 963

63

A = 4 963 × 5
= 24 815

B = 4 963 × 70
= 347 410

C = 4 963 × 300
= 1 488 900

Je donne ici le détail de l'opération pour qu'on en puisse suivre les étapes sur le tracé schématique.

$$
\begin{array}{r}
4\,963 \\
375 \\
\hline
24\,815 = A \\
347\,410 = B \\
\hline
372\,225 = A + B \\
1\,488\,900 = C \\
\hline
1\,861\,125\ \ = A + B + C
\end{array}
$$

Le rectangle est subdivisé en rectangles plus petits de la façon suivante.

Ayant soin de juxtaposer les rectangles par leur dimension commune, je forme d'abord 5 rangées de 3 carrés, puis 5 rangées de 60 carrés, puis 5 rangées de 900 carrés, puis 5 rangées de 4000 carrés. Leur ensemble donne le rectangle $A = 4\,963 \times 5$. Au côté le plus éloigné de ce rectangle qui a une dimension frontale de 4963 côtés d'un carré unité, nous juxtaposons une nouvelle rangée de 4963 carrés, puis une seconde, une troisième..., et enfin une soixante-dixième. Nous obtenons ainsi un rectangle B subdivisé lui-même en 4 rectangles 3×70, 60×70, 900×70, 4000×70.

Ce rectangle $B = 4\,963 \times 70$.

Les deux rectangles A et B, ayant une dimension commune, forment ensemble le nouveau rectangle $A + B$, dont un côté est 75 et l'autre 4963. On obtient de la même façon le rectangle C et par suite $A + B + C$.

En écrivant le résultat conformément aux règles de la numération décimale, j'ai implicitement effectué des transformations diagrammatiques dont l'une est la suivante, qui peut servir d'exemple pour toutes les autres.

4000×300 mixte de deux éléments est remplacé par le diagramme $4 \times 1\,000 \times 3 \times 100$, mixte de 4 éléments. Puis, j'ai interverti l'ordre de ces éléments et j'ai obtenu $4 \times 3 \times 1\,000 \times 100$ J'ai remplacé les deux premiers éléments par 12, les deux derniers par 100000, et ai obtenu $12 \times 100\,000$, que j'ai enfin remplacé par 1200000.

Restant fidèles à notre définition de l'unité — un carré — nous voyons que nous avons remplacé le rectangle 4 963 × 375 par sept rectangles dont l'un est 1 × 5, le suivant 10 × 2, puis successivement 100 × 1, 1 000 × 1, 10 000 × 6, 100 000 × 8, et 1 000 000 × 1, ensemble 1 861 125 carrés unités, conformément au schéma ci-dessous.

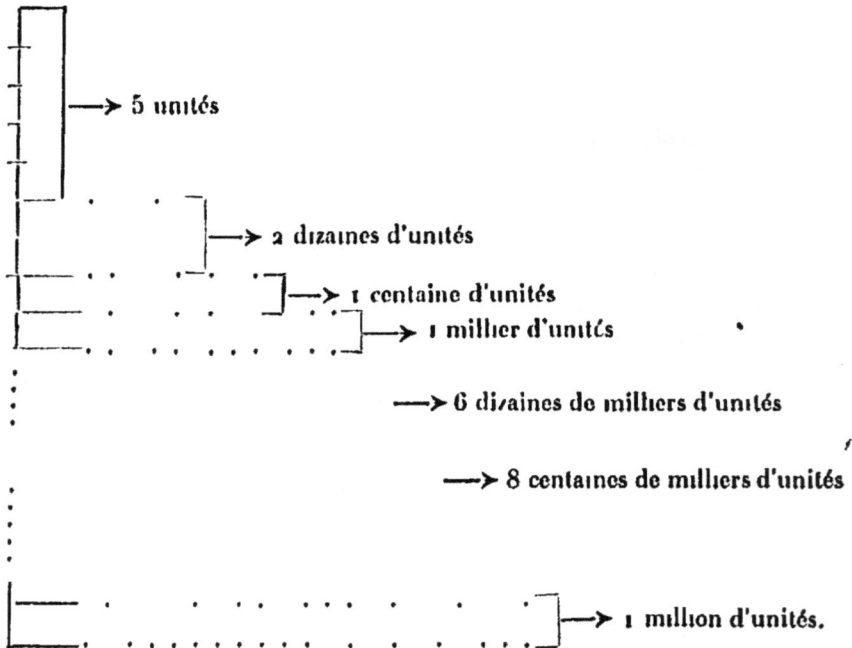

→ 5 unités

→ 2 dizaines d'unités

→ 1 centaine d'unités

→ 1 millier d'unités

→ 6 dizaines de milliers d'unités

→ 8 centaines de milliers d'unités

→ 1 million d'unités.

Nous y voyons (ou imaginons pour les parties pointillées) des rectangles dont une dimension ne dépasse pas 9, plus grand nombre d'un seul chiffre, dans notre numération

Pas plus que pour l'addition, je n'entrerai ici dans le détail de l'opération classique. La comparaison des deux contours différents donnés à une même surface, dans les deux figures que les dessins schématiques ci-dessus permettent d'imaginer, fait naître dans l'esprit les rapprochements utiles.

Je ne ferai qu'une seule remarque. En marquant par des additions successives de deux nombres les étapes de l'opération, on est amené à faire l'observation suivante : l'addition du plus petit des deux addendes avec le plus grand ne peut pas donner une somme qui ait plus de chiffres que le plus grand ; autrement dit : dans chaque addition le plus grand addende et la somme ont le même nombre de chiffres. Une conséquence des conventions de la numération écrite se présente ainsi sous sa forme la plus naturelle. Pour s'en rendre compte, on effectuera, sur le modèle de l'opération ci-dessus décrite l'évaluation d'un mixte tel que celui-ci $9\,999 \times 999$, dont tous les chiffres sont des 9.

Nous apprendrons plus tard que la croix de combinaison figure dans des diagrammes de mixtes dont les éléments ne sont pas des pluriels. Le cas particulier, où l'on cherche la valeur du mixte dont les éléments sont des pluriels, prend le nom de multiplication. En effet, par le fait que j'ai évalué le mixte $4\,963 \times 375$, j'ai compté les carrés contenus dans le rectangle $4\,963 \times 375$ Le résultat est celui qu'on obtiendrait si chacun des uns de $4\,963$ s'était multiplié dans la proportion de 375 uns pour chacun des uns de $4\,963$. On peut donc sans inconvénient conserver la définition suivante : trouver la somme que donne la combinaison des uns d'un pluriel avec les uns d'un autre pluriel, c'est faire une multiplication d'uns, ou, par abréviation, une multiplication tout court.

On dira par abréviation multiplier $4\,963$ dans la proportion de 375 pour un, pour exprimer que l'on fait l'opération qui consiste à évaluer en unités le mixte qui a pour éléments 375 et $4\,963$ Le mot multiplier fournit le mot multiple Dans la table de Pythagore indéfiniment étendue, chacune des rangées frontales ou sagittales renferme tous les multiples successifs du nombre qui est en tête de la rangée.

Conserverons-nous les mots multiplicateur et multiplicande ? Ceux de *pluriel de césure*, *part moyenne plurale*, ou simplement *part moyenne* nous suffisent Le nombre qui, dans le discours, précède le mot fois ; qui, dans le diagramme d'un mixte, suit la croix de combinaison ; qui, dans la disposition opératoire des données, forme la seconde rangée frontale est le pluriel de césure ; l'autre est la part moyenne.

Si l'on n'a en vue que le calcul, en dehors de toute question concrète particulière, on pourra ajouter à ces deux dénominations les épithètes « verbal », « verbale ». Dans $4 \times 3 = 3$ fois $4 = $ le triple de 4 : 3 est le pluriel de césure *verbal*, 4 la part moyenne *verbale*.

La multiplication ou combinaison des pluriels nous représente encore une extension dans *un* sens déterminé. Ecrire l'égalité $4\,963 \times 375 = 1 \times 1\,861\,125$, m'amène à me figurer une bande qui d'abord longue de $4\,963$ intervalles de repères équidistants le long d'une droite, s'étend jusqu'à ce qu'elle ait atteint une longueur égale à 375 fois celle qu'elle avait auparavant.

6. De la réduction et de son signe — Nous employons sans cesse, dans le discours, des verbes dont le sens est corrélatif de celui d'un autre verbe. Parmi ces couples de mots corrélatifs, il en est dont la corrélation s'énonce en affirmant que l'acte qu'exprime un verbe est l'*inverse* de l'acte exprimé par l'autre ; par exemple : vider est l'inverse de remplir. De même réduire est l'inverse de combiner, mais aussi l'inverse d'étendre, de multiplier.

On interprétera plus facilement la complexité des conséquences auxquelles conduit l'introduction de la barre de réduction dans les diagrammes analytiques, en tenant compte de cette observation

Je rappelle que l'égalité $7 + 4 = 11$, nous a amenés à poser les deux équations $7 + z = 11$, $a + 4 = 11$.

Les égalités $7 \times 5 = 35$, $5 \times 7 = 35$, nous amènent à poser les équations :

$$x \times 5 = 35$$
$$7 \times x = 35$$
$$x \times 7 = 35$$
$$5 \times x = 35$$

Développons le diagramme $x \times 5 = 35$

$$\overset{1}{0} + \overset{2}{x} + \overset{3}{x} + \overset{4}{x} + \overset{5}{x} + x = 35,$$

ou, quel est le nombre dont le quintuple est 35 ?

Nous pouvons écrire

$$0 = 35 \overset{1}{-} x \overset{2}{-} x \overset{3}{-} x \overset{4}{-} x \overset{5}{-} x,$$

et, pour résoudre cette équation, je n'imagine pas autre chose que de remplacer x par un nombre quelconque et de vérifier si celui que j'ai choisi satisfait à la condition posée. Je commencerai par essayer le nombre 1. Si je retranche 5 uns de 35, je n'obtiens pas o J'essaie successivement 2, 3, 4, 5, 6, 7. Ici, je m'arrête, car 7 mis à la place de x vérifie l'équation C'est donc après la septième soustraction du nombre 5 que l'équation sera résolue

L'examen de mon équation développée me montre qu'elle sera résolue à condition que x soit le cinquième de 35, ou 35 réduit au cinquième de sa valeur J'imagine un diagramme pour exprimer cette réduction de 35. Ce sera $\frac{35}{5}$. Dans ce diagramme 5 cisbarre sera le nombre des signes — (moins) qui, mis à la suite de 35, annulent ce nombre ; à condition qu'après chaque signe — (moins), se trouve une expression que je lise : le cinquième de 35.

Remplaçant chaque x par ce diagramme $\frac{35}{5}$, j'écris une tautologie, comme je l'ai fait quand j'ai écrit $7 + 11 - 7 = 11$, à savoir :

$$35 \overset{1}{-} \frac{35}{5} \overset{2}{-} \frac{35}{5} \overset{3}{-} \frac{35}{5} \overset{4}{-} \frac{35}{5} \overset{5}{-} \frac{35}{5} = 0,$$

ou trente-cinq diminué de 5 fois le cinquième de 35 donne le résultat o, ou

$$35 = 0 \overset{1}{+} \frac{35}{5} \overset{2}{+} \frac{35}{5} \overset{3}{+} \frac{35}{5} \overset{4}{+} \frac{35}{5} \overset{5}{+} \frac{35}{5}.$$

$$35 = \frac{35}{5} \times 5.$$

La réduction de 35 au cinquième de sa valeur diagrammatisée $\frac{35}{5}$ se nomme une réduite majeure pour la différencier des diagrammes dont nous aurons à parler, dans lesquels le nombre transbarre est plus petit que le cisbarre, que nous appelons réduites mineures. Faire les soustractions successives (ou employer un procédé qui remplace ces soustractions) au moyen desquelles nous évaluons la réduite majeure $\frac{35}{5}$, ce sera réduire trente-cinq dans la proportion de 1 pour cinq, ou chercher le cinquième de 35.

Si nous avions choisi l'équation $5 \times x = 35$ pour la résoudre, le diagramme développé aurait été le suivant :

$$35 - 5 \quad\overset{\textstyle{\scriptstyle I}\,.}{}\quad\quad\quad\overset{\textstyle{\scriptstyle x}}{}\quad - 5 = 0,$$

et nous aurions fait les mêmes opérations pour trouver la réponse ; mais la question posée eut été différente. Elle eut été celle-ci : combien de fois 5 est-il contenu dans 35, ou combien faut-il de parts moyennes dont chacune est 5 pour avoir 35 ?

On répondra : autant que 35 est de fois plus grand que 5.

Ce que je cherche ici, c'est ce que j'ai appelé : pluriel de césure.

Présentées ainsi, les notions rudimentaires sur les évaluations ont un caractère abstrait. Il disparaît et les concepts deviennent plus clairs par l'emploi de graphiques arithmético-géométriques tels que celui qui m'a servi à présenter la multiplication.

Si ces concepts deviennent plus clairs, n'est-ce pas précisément parce qu'ils ont été suscités à l'occasion d's tracés géométriques. Il y a donc tout avantage à faire usage de semblables tracés avec repères numériques.

Dans le cas qui nous occupe (évaluation d'une réduite majeure), ce que nous savons du procédé abrégé que la numération décimale nous fournit pour évaluer un mixte, va nous permettre également d'abréger l'opération inverse ou réduction. Le meilleur exemple que nous puissions nous donner sera l'évaluation de la réduite $\dfrac{1\,861\,125}{4\,963}$.

Son transbarre est $4\,963 \times 375$ évalué ; son cisbarre $4\,963$. L'élément cherché x n'est donc autre que 375. Comment le nommerons-nous ? Il est la largeur du rectangle de $1\,861\,125$ carrés-unités dont $4\,963$ est la longueur. Mais, selon la question concrète dont sa connaissance donne la solution numérique, il est aussi, soit une part moyenne, soit un pluriel de césure ; et l'énoncé de la question ne permet pas d'hésiter entre l'un ou l'autre des deux sens à donner au nombre par lequel on répond. Dans le langage purement arithmétique, il y a avantage à donner à ce nombre un nom qui ne préjuge ni l'un ni l'autre des deux sens. Or, quotient ne donne qu'un sens. Je propose évaluation élémentaire.

Nous nous reporterons aux tracés qui nous ont servi pour étudier le mécanisme de la combinaison, et comparerons les deux opérations, dont l'une est l'inverse de l'autre. Donnons la disposition opératoire :

$$
\begin{array}{ll}
\text{C} + \text{B} + \text{A} = 1\,861\,125 & \big|\ 4\,963 \\
\quad\quad\quad\text{C} = 1\,488\,900 & \overline{\ 300 + 70 + 5} \\
\text{A} + \text{B} = \overline{\ \ 372\,225} & \\
\quad\quad\quad\text{B} = \ \ 347\,410 & \\
\quad\quad\quad\text{A} = \overline{\ \ \ \ 24\,815} & \\
\quad\quad\quad\quad\quad 24\,815 & \\
\text{A} - \text{A} = \overline{\ \ \ \ \ \ \ \ 0} &
\end{array}
$$

Je vois que le premier chiffre de l'élément cherché est plus petit que 5 puisque $4\,000 \times 500 = 2\,000\,000 > 1\,861\,125$.

La numération écrite me donne, en effet, immédiatement

$$4 \times 1\,000 \times 5 \times 100 = 4 \times 5 \times 1\,000 \times 100$$
$$= 20 \times 100\,000 = 2\,000\,000$$

J'essaie donc 4, et je placerai les chiffres du mixte ainsi trouvé de manière que le premier chiffre de gauche de ce mixte partiel, et le premier à gauche du transbarre donné, dit transbarre principal, coïncident Je complète avec des zéros le mixte partiel pour lui donner autant de chiffres qu'en a le transbarre principal. Comme les zéros à ajouter sont au nombre de deux, je sais que le premier chiffre de l'évaluation élémentaire que je vais avoir à écrire exprime des centaines, et dès lors, je peux écrire que le transbarre principal est égal à C + B + A.

Le nombre 4 est trop grand. L'essai fait avec 4 me montre que 400 bandes de 4 963 carrés donnent un rectangle plus grand que le rectangle total J'essaie alors 3 et je retrouve le rectangle C = 1 488 900. Le chiffre 3 est bien le premier de l'évaluation élémentaire. Je n'ai plus dès lors à faire qu'au rectangle 1 861 125 — 1 488 900 = 372 225, c'est-à-dire à évaluer la réduite majeure $\dfrac{372225}{4\,963}$; 372 225 est le premier transbarre partiel

On se posera à propos de B + A les mêmes questions que celles que l'on s'est posées à propos de C + B + A. Le chiffre cherché peut être 9, puisque

$$4\,000 \times 90 = 360\,000 < 372\,225$$

J'essaie 9 ; il est trop grand ; 8 également ; 7 est le chiffre cherché Le trouver et trouver le rectangle B sont deux opérations simultanées On voit comment se termine l'opération

Si la réduite à évaluer avait eu pour transbarre un nombre plus grand que le transbarre principal ici donné, et plus petit que le 375e multiple de 4 963 (plus petit que $4\,963 \times 376$), nous aurions eu un reste différent de o, mais le mécanisme de l'opération aurait été identiquement le même.

———

Je publie tels quels ces premiers linéaments d'une Arithmétique, dont je montre résolument que la puissance d'imagination — ce qu'on appelait autrefois l'imaginative — mise au service de desseins à accomplir, plus particulièrement de coïncidences à réaliser, fait les frais.

Les chapitres suivants sont sur le chantier, et paraîtront bientôt, je l'espère Mais, il m'a semblé qu'il y avait, dès à présent, quelque chose à dire sur les projets de réforme de l'enseignement des sciences actuellement à la mode Cette réforme ne sera bien ordonnée qu'à condition de partir des principes d'une Philosophie qui prenne pour objet d'études un Monde actionné par des Vivants, autrement dit : le Tout du Monde.

FIN DE LA PREMIÈRE PARTIE

TABLE DES MATIÈRES

CHAPITRE III

Les prolégomènes de l'analyse numérique

CHAPITRE IV

Du calcul numérique ou Domaine propre de l'arithmétique

CHAPITRE V

Addition ou assemblage et soustraction ou disjonction avec comparaison quantitative

FIN DE LA PREMIÈRE PARTIE

SAINT-AMAND (CHER). — IMPRIMERIE BUSSIÈRE.

www.ingramcontent.com/pod-product-compliance
Lightning Source LLC
Chambersburg PA
CBHW071951110426
42744CB00030B/863